BEI GRIN MACHT SICH IHR WISSEN BEZAHLT

- Wir veröffentlichen Ihre Hausarbeit,
  Bachelor- und Masterarbeit

- Ihr eigenes eBook und Buch -
  weltweit in allen wichtigen Shops

- Verdienen Sie an jedem Verkauf

Jetzt bei www.GRIN.com hochladen
und kostenlos publizieren

Bibliografische Information der Deutschen Nationalbibliothek:

Die Deutsche Bibliothek verzeichnet diese Publikation in der Deutschen National-
bibliografie; detaillierte bibliografische Daten sind im Internet über http://dnb.d-
nb.de/ abrufbar.

Impressum:

Copyright © 2017 GRIN Verlag, Open Publishing GmbH
Druck und Bindung: Books on Demand GmbH, Norderstedt Germany
ISBN: 9783668485532

Dieses Buch bei GRIN:

http://www.grin.com/de/e-book/369817/einfluss-des-vulgaerlateinischen-auf-die-
weitere-lateinische-sprachentwicklung

Melvin Pötzsch

Einfluss des Vulgärlateinischen auf die weitere lateinische Sprachentwicklung

GRIN Verlag

GRIN - Your knowledge has value

Der GRIN Verlag publiziert seit 1998 wissenschaftliche Arbeiten von Studenten, Hochschullehrern und anderen Akademikern als eBook und gedrucktes Buch. Die Verlagswebsite www.grin.com ist die ideale Plattform zur Veröffentlichung von Hausarbeiten, Abschlussarbeiten, wissenschaftlichen Aufsätzen, Dissertationen und Fachbüchern.

Besuchen Sie uns im Internet:

http://www.grin.com/

http://www.facebook.com/grincom

http://www.twitter.com/grin_com

Herderschule Kassel

Schuljahr 2016/2017, QIII und IV

Untersuchungen des Einflusses des Vulgärlateinischen auf die weitere lateinische Sprachentwicklung

Besondere Lernleistung im Grundkurs

Latein

vorgelegt von:

Melvin Pötzsch

Inhaltsverzeichnis

0. Abkürzungen und Symbole

0.1 Sprachen

Abkürzungen, bei denen nur -isch ergänzt werden muss, werden nicht aufgeführt.

fal.	faliskisch	osk.	oskisch
(a)fr.	(alt)französisch	(a)pt.	(alt)portugiesisch
idg.	indogermanisch	ro.	rumänisch
it.	italienisch	rom.	romanisch
kat.	katalanisch	(a)sp.	(alt)spanisch
klat.	klassisch-lateinisch	vlat.	vulgärlateinisch
(a)lat.	(alt)lateinisch	o-	ost-
okz.	okzitanisch	w-	west-

0.2 Grammatische Termini u.Ä.

a.	aktiv	morph.	morphologisch
Akk.	Akkusativ	p.	passiv
ath.	athematisch	Pl.	Plural
Dekl.	Deklination	Plqua.	Plusquamperfekt
Ind.	Indikativ	Ps.	Person/ Personalendung
Inf.	Infinitiv	Sg.	Singular
Kond.	Konditional	th.	thematisch
Konjug.	Konjugation	Vprät.	Vorpräteritum

0.3 Symbole

> wird (lautgesetzlich) zu

4

<	entsteht (lautgesetzlich) aus
=>	wird umgebildet zu
<=	ist umgebildet aus
*	rekonstruierte Form
[…]	phonetische Schreibung (folgt der rekonstruierten Aussprache des Lat.)
/.../	phonologische Schreibung
-	Morphemgrenze
=	Verbindung zwischen Klitikon und Wirt
†	hypothetische Form(en), nicht eingetreten
ẹ	geschlossener Vokal (Unterpunkt)
ę	offener Vokal (Ogonek)

0.4 Rechtschreibregelung

Alle linguistischen Formen sind in kursiv gehalten, hierzu gehören auch Quelltexte. Das *u* gibt im Lateinischen wie in der Sprachwissenschaft üblich sowohl den Vokal als auch den Gleitkonsonanten wieder. Ausnahmen hierbei sind etwaige Quellentexte mit *v* = *u*, die davon unberührt bleiben.

1. Einleitung

Die in der Schule gelehrte Form der lat. Sprache, das sog. „klassische Latein", erscheint den Schülern meist wie eine ungesprochene und unsprechbare Hochsprache. Im täglichen Unterricht wird dabei in der Regel nur diese Variante des Lateinischen beachtet, während die Schüler keinerlei Information über die allgemeine lat. Alltagssprache erhalten, mit der tagtäglich gelebt, geliebt und gelacht wurde. Dass jedoch gerade dieses sog. „Vulgärlatein" das „eigentliche" Lateinische ist, und es die Mutter der meisten übrigen Sprachenfächer darstellt, die die Schüler am häufigsten belegt haben, wird nicht verdeutlicht. Daher verdient das Vulgärlateinische und seine Innovationen und Entwicklung vor allem im Bezug zu anderen sprachlichen Fächern in der Schule Aufmerksamkeit, da das Begreifen des Lateinischen als lebendige Sprache oft vermisste Verbindungen zwischen dem „faden" Lateinunterricht und den „reizvollen" modernen romanischen Sprachen eröffnen kann.

Ziel dieser Arbeit ist es, die wichtigsten Neuerungen der lat. Umgangssprache anhand von Belegen zu rekonstruieren und aufzuführen sowie ihren Einfluss auf die Form und weitere Entwicklung der lateinischen Sprache aufzuzeigen, damit dadurch eine Anknüpfung an die romanischen Sprachen erleichtert und vorteilhaft gemacht werden kann. Diese „weitere Entwicklung der lateinischen Sprache" bezieht sich dabei wieder auf das Vulgärlatein, da sich nur gesprochene Sprachen weiterentwickeln können, und das klassische Latein eine erstarrte Literatursprache ohne eigene Entwicklung darstellt.

Die Arbeit wird in einzelne Abschnitte aufgeteilt, welche die vlat. Phonologie, Morphologie und Syntax veranschaulichen und die damit einhergehenden Veränderungen in einen in der allgemeinen Literatur wenig beachteten Bezug zur daraus resultierenden Form des Lateinischen stellen.

Ich werde mich dabei auf die wesentlichen und ausschlaggebendsten Veränderungen begrenzen, weil das Vulgärlatein als Thema sehr umfangreich ist und in Hinblick auf Differenzen in den rom. Sprachen zu erweiterter Untersuchung lädt.

Methodisch werde ich auf Basis vorhandener Literatur eigene Erkenntnisse aus Quellentexten und Belegen herausarbeiten und daraus eigene Schlüsse unter selbstständiger Rekonstruktion ziehen.

2. Das Vulgärlatein und sein Einfluss auf die weitere lateinische Sprachentwicklung

2.1 Begriff und Wesen

Da das sogenannte „Vulgärlatein" die Hauptarbeitsgrundlage der Fragestellung der vorliegenden Besonderen Lernleistung darstellt, ist es eingehend notwendig und am sinnvollsten, den Begriff und das Wesen dieser Sprachform darzustellen und zu erläutern.

Die Bezeichnung „Vulgärlatein" geht dabei auf eine französische Lehnübersetzung aus dem 19. Jahrhundert ins Deutsche[1] zurück, die jedoch nicht falsch verstanden werden darf.

Die bereits von klat. Schriftstellern als *„sermo vulgaris"*[2] benannte lateinische Umgangs-[3] und Alltagssprache war nicht wie ihr Name auf den ersten Blick andeuten mag eine unkultivierte und rohe Ausdrucksweise, sondern das vom *„Uulgus"* ständeunabhängig[4] benutzte, tagtäglich gesprochene Latein[5]. Daher verwundert es nicht, dass das klassische Latein, für welches die literarische Bildungsstufe des Sprechers maßgeblich war[6], eigentlich bis zu einem bestimmten Punkt nur eine stilistisch höherwertige Variante des gesprochenen, nähesprachlich[7] dienenden Lateins als Schriftsprache war, die deshalb auch von Gebildeten und der Elite in gewisser Weise, wenn auch nicht der Form des einfachen Volkes entsprechend[8], benutzt wurde[9].

Durch die römischen Expansionen wurde die mit der Romanisierung[10] einhergehende Latinisierung der eroberten Gebiete vorangetrieben[11] – die Alltagssprache der Legionäre,

---

1 Vgl. Kiesler, Reinhard: Einführung in die Problematik des Vulgärlateins. Tübingen. Max Niemeyer Verlag 2006. S.7.
2 Vgl. Kramer, Johannes: Vulgärlateinische Alltagsdokumente auf Papyri, Ostraka, Täfelchen und Inschriften. Berlin. De Gruyter 2007. S.14.
3 Dazu: Kiesler, Reinhard: Einführung in die Problematik des Vulgärlateins. S.7-8.
4 Hierzu: „Es kommt also nicht so sehr auf die Bildungsstufe der Lateinsprechenden an und noch weniger auf ihre gesellschaftliche Stellung oder Schichtung". Zit. nach ebd. S.8.
5 Hierzu Cicero (ad fam. 9, 21, 1): *„epistulas vero cottidianis verbis texere solemus"*. Zit. nach ebd. S.11.
6 Vgl. ebd. S.11.
7 Vgl. Kramer, Johannes: Vulgärlateinische Alltagsdokumente. S.13.
8 Dazu: Kiesler, Reinhard: Einführung in die Problematik des Vulgärlateins. 2.2.
9 Hierzu: „Auch die tägliche Umgangssprache der Gebildeten selbst stand nicht auf dem grammatisch-rhetorischen Niveau der Schriftsprache." Zit. nach ebd. S.8 f.
10 Schon der Begriff „romanisch" ist vulgärlateinisch. Für *romanicus* siehe Fortson IV, Benjamin W.: Indo-European Language and Culture. Zweite Auflage. Orig. 2004. Wiley-Blackwell 2010. §13.44.
11 Dazu: Eierstock, Johanna: Romanisierung und Vulgärlatein im Zusammenhang mit den Theorien sprachlicher Komplexität. München 2013. GRIN Verlag 2013. S.5 f. und Kiesler, Reinhard:

Händler und einfachen Beamten gelangte so in die entlegensten Provinzen, in denen Latein der einheimischen Bevölkerung nun als Verwaltungs- und Handelssprache vorgegeben wurde. Die hieraus entstandenen Kommunikationsprobleme versuchte man durch die Vereinfachung der morphologischen Komplexität einzudämmen[12], was eine weitere „Lockerung" der Grammatik zufolge hatte. Schließlich trug die zunehmende Dezentralisierung des Imperiums dazu bei, regionale Dialekte des Vulgärlateins (wie bspw. das Iberoromanische ab dem 4./5. Jh. n. Chr.) zu festigen und den Kolonien und Provinzen eine präsente Hochsprache als sprachlichen Anhaltspunkt stückweise zu nehmen[13].

2.2 Vokalismus

2.2.1 Vulgärlateinischer Vokalismus

Im Folgenden soll sich nun der zentralen Fragestellung, nämlich des Einflusses des Vulgärlateinischen auf die weitere lateinische Sprachentwicklung, gewidmet werden.

Essenziell ist dabei der lateinische Vokalismus, der in seiner Entwicklung in der Alltagssprache viele Auslöser für Veränderungen auf dem Weg zu den romanischen Sprachen darstellte. Aus diesem Grund und zum Verständnis einzelner Überlegungen nachfolgender Kapitel wird er vor den morphologischen und lexikalischen Wandeln behandelt.

Dabei sind drei Haupttypen der Entwicklung des Vokalismus zu unterscheiden:

1. Der Quantitätenkollaps

Das klassische Latein unterschied insgesamt fünf verschiedene Vokale, die sich in zwei Quantitätenkategorien und zehn differente Aussprachen[14] gliederten:

ă	ā	ĕ	ē	ĭ	ī	ŏ	ō	ŭ	ū
[a]	[a:]	[ɛ]	[e:]	[ɪ]	[i:]	[ɔ]	[o:]	[ʊ]	[u:]

Diese waren sowohl lexikalisch (vgl. *mălŭm* (dt. „Übel") und *mālŭm* (dt. „Apfel")) als

---

Einführung in die Problematik des Vulgärlateins. S.18-24.

12 Vgl. Eierstock, Johanna: Romanisierung und Vulgärlatein. S.6-9.

13 Dazu: ebd. 2.4.

14 Die Nasalvarianten als Allophone hier nicht mit aufgezählt. In dieser Arbeit sind jedoch alle nasalierten Vokale entsprechend durch Tilde gekennzeichnet.

auch morphologisch von Bedeutung (vgl. *manŭs* (Nom.Sg.) mit *manūs* (Gen.Sg.))[15]. Im Vulgärlatein ging dieses Quantitätensystem nun unter – die Qualität der Vokale wurde wichtiger. So wurden z.b. *malŭm* und *malūm* nicht mehr primär durch die Länge des Vokales unterschieden, sondern durch seine Aussprache: [ˈmaɫũɱ] gegen [ˈmaɫũɱ]; so auch die Kasus [ˈmanʊs] (Nom.Sg.) gegen [ˈmanus] (Gen.Sg.). Diese phonetische Veränderung wird als „Quantitätenkollaps" bezeichnet[16].

2. Der vulgärlateinische Haupttonvokalismus

Unter dem Begriff „vulgärlateinischer Haupttonvokalismus"[17] sind mehrere „phonetische Verschmelzungsprozesse"[18] innerhalb des durch den Quantitätenkollaps vereinfachten Vokalsystems zusammengefasst, die allesamt den Vokal der haupttontragenden Silbe betreffen. Dadurch ergibt sich folgendes Schema[19]:

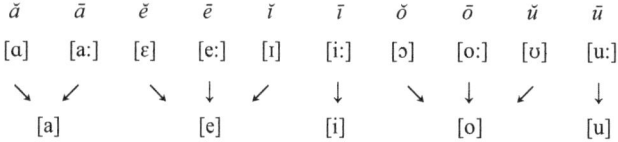

ă	ā	ĕ	ē	ĭ	ī	ŏ	ō	ŭ	ū
[ɑ]	[aː]	[ɛ]	[eː]	[ɪ]	[iː]	[ɔ]	[oː]	[ʊ]	[uː]
↘	↙	↓	↘	↙	↓	↓	↘	↙	↓
[a]		[ɛ]		[e]	[i]	[ɔ]		[o]	[u]

3. Der vulgärlateinische Nebentonvokalismus

Noch vor dem Haupttonvokalismus gab es einen ähnlichen Prozess in unbetonten Nebensilben, den sog. „vulgärlateinischen Nebentonvokalismus". Ihm fielen fünf der zehn Qualitäten der Vokale zum Opfer[20]:

ă	ā	ĕ	ē	ĭ	ī	ŏ	ō	ŭ	ū
[ɑ]	[aː]	[ɛ]	[eː]	[ɪ]	[iː]	[ɔ]	[oː]	[ʊ]	[uː]
↘	↙	↘	↓	↙	↓	↘	↓	↙	↓
[a]		[e]		[i]		[o]		[u]	

All diese phonetischen Veränderungen prägten das Vulgärlateinische, und damit die aus

---

15 Dazu: Schlösser, Rainer: Die romanischen Sprachen. 2. Auflage. Orig. München 2001. C.H. Beck 2005. S.20. und Kramer, Johannes: Vulgärlateinische Alltagsdokumente. S.23 ff.
16 Vgl. Kramer, Johannes: Vulgärlateinische Alltagsdokumente. S.24.
17 Vgl. ebd. S.25 f.
18 Ebd. S.25.
19 Nach: ebd. S.25 und S.26.
20 Vgl. ebd. S.26 f. sowie Kiesler, Reinhard: Einführung in die Problematik des Vulgärlateins. S.44.

ihm entstandenen romanischen Sprachen – das klat. Vokalsystem ist in keiner heutigen Nachfolgesprache mehr vorzufinden, wie folgende Beispiele veranschaulichen:

klat. *bŭccă(m)*	> vlat. **βǫccā*	> it. *bocca*, sp. *boca*, fr. *bouche*
klat. *gŭlā(m)*	> vlat. **gǫlā*	> it. *gola*, sp. *gola*, fr. *gueule*[21]
klat. *bíběre*	> vlat. **βęβęrę*	> it. *bere, bevo* (1.Ps.Sg.Ind.a.), sp./pt. *beber*
klat. *cŭm̨*	> vlat. **cǫm̨, cǫn*	> it. *con*, sp. *con*, apt. *con*
klat. *lĭnguā(m)*	> vlat. **lęnguā*	> sp. *lengua*, kat. *llengua*, okz. *lenga*
klat. *mḛ̄ṇsā(m)*	> vlat. **mḛsā*	> sp. *mesa*, pt. *mesa*, sard. *mesa*
klat. *pópŭlŭ(m)*	> vlat. **pǫpǫlŭ*	> it. *popolo*, sp. *pueblo*, fr. *populo*, ro. *popor*
klat. *sŭper, su̇́prā*	> vlat. **sǫpęrạ*	> it. *sopra*, sp. *sobre*, pt. *sobre*, friaul. *sore*
klat. *tăbŭlā(m)*	> vlat. **tạβǫlā*	> it. *tavola*, pt. *távola*, galiz. *táboa*
klat. *ŭrsŭ(m)*	> vlat. **ǫrsŭ*	> it. *orso*, sp. *oso*, fr. *ours*, apt. *osso*, okz. *ors*
klat. *uė́nĭt*	> vlat. **βęnę(t)*	> it. *viene*, sp. *viene*, sard. *benit*

Neben diesen, nur den Vokal spezifisch betreffenden Lautwandlungen im Alltagslatein wird noch zwischen weiteren Änderungsformen unterschieden, die nun ebenfalls anhand von Beispielen dargestellt werden sollen.

1. Monophthongierung

Die klassisch-lateinischen Diphthonge *ae* [aę]/ [aɪ], *au* [aʊ], *eu* [εʊ] und *oe* [ɔε] wurden im Vulgärlatein zu Monophthongen vereinfacht (siehe auch 4.2).

Ae wurde dabei spätestens ab dem 2. Jh. n. Chr. als [ε:][22] artikuliert, man vergleiche hierzu pompejianische Graffiti[23] um 79 n. Chr.: *dulcisime* [sic!] statt *dulcissimae*, *etati* statt *aetātī*, *sepe* statt *saepe* sowie in einem Soldatenbrief[24] aus dem frühen 2. Jh. n. Chr. vorkommendes: *Alexandrie* statt *Alexandriae*, *mee* statt *meae*, *que* anstelle von *quae*.

Der Diphthong *au* wandelte sich temporär immer wieder nach ländlichem Vorbild zu [o:][25]:

21 *Bŭcca* und *gŭla* nach: Kiesler, Reinhard: Einführung in die Problematik des Vulgärlateins. S.43.
22 Vgl. Kramer, Johannes: Vulgärlateinische Alltagsdokumente. S.28 und Meiser, Gerhard: Historische Laut- und Formenlehre der lateinischen Sprache. 3. Auflage, unveränderter Nachdruck der 2. Auflage 2006. Orig. Darmstadt 1998. WBG 2010. §48.
23 Formen nach: Damon, Budel (Orig. niederländisch). Übersetzt von Vincent Hunink: Glücklich ist dieser Ort! 1000 Graffiti aus Pompeji. Orig. 2007. Reclam 2013. S.349 ff.
24 Kramer, Johannes: Vulgärlateinische Alltagsdokumente. P. Mich. VIII 471 = ChLA XLII 1120. S.59-74.
25 Hierzu: „Die *au-ō*-Entsprechung war den Römern von jeher bewußt, und die Gleichung *au* =

vgl. *qoponi*[26] statt *caupōnius* und *codam*[27] statt *caudām*, blieb jedoch in den meisten Fällen bis zum späten Vulgärlatein erhalten – danach vgl. klat. *aurĕ(m)* bzw. *aurīculā(m)* mit vlat. *oricla*[28] und > it. *orecchio*, sp. *oreja*, fr. *oreille*, ro. *ureche* und klat. *causā(m)* mit vlat. **cǫsā* und > it. *cosa*, sp. *cosa*, fr. *chose*.

Da *eu* im klassischen Latein nur noch in Lehnwörtern vorkam (vgl. *Europa/ Europe* von agr. *Eὐρώπη*), wies es keine Eigenentwicklung mehr auf und bleibt bis heute [ɛʊ̯]: vgl. it. *Europa*, sp. *Europa*, fr. *Europe*, ro. *Europa*.

Oe hingegen wurde schon früh zu [eː] monophthongiert, hierzu vergleiche man klat. *amoenus* mit vlat. *amēnus*[29] und klat. *poenā(m)* mit vlat. **pēnā* > it. *pena*, sp. *pena*, fr. *peine*.

2. Hiatvermeidung

Die vielfach vorkommenden Hiate im klassischen Latein wurden im Vulgärlatein zunehmend durch den Übergang eines Vokales zum Halbvokal und schließlich Konsonanten, durch Einfügen eines Gleitkonsonanten oder durch Kontraktion der Vokale versucht zu eliminieren[30].

Bei Ersterem wurde vor *a, o, u* aus dem vorhergehenden hellen Vokal ein Halbvokal /i̯/, welcher schließlich zu /j/ konsonantisiert wurde (vgl. *fīliū(m)* > **fi̯liū* > **fi̯li̯ǫ* > sp. *hijo*, pt. *filho* sowie *uīneā(m)* > **βi̯ni̯ā* > **βi̯ni̯ǫ* > it. *vigna*, sp. *viña*, fr. *vigne*, pt. *vinha*; *faséolū(m)* > **fasi̯ǫlū* > **fasi̯ǫlǫ* > it. *fagiolo* und *lanceā(m)* > **lanci̯ā* > **lanci̯a* > it. *lancia*, sp. *lanza*, fr. *lance*, pt. *lança*, kat. *llança*[31]). Für *o* bzw. *u* gilt gleichermaßen *o, u* > u̯ > w /K_V, hierbei bezeichnet V *a, e* und *i* (vgl. hierzu *cloaca > cluaca*[32]).

Ein Gleitkonsonant als Mittel der Hiattilgung findet sich dagegen bspw. in *linguia*[33] < *lingua*.

---

plebejisch *ō* war im 1. Jahrhundert v. Chr. so geläufig, daß man damit Politik machen konnte." Kramer, Johannes: Vulgärlateinische Alltagsdokumente. S.29. Siehe auch: 4.2.1.1.

26 Hunink, Vincent: 1000 Graffiti aus Pompeji. S.352.

27 Kramer, Johannes: Vulgärlateinische Alltagsdokumente. P. Amh. II 26 = CLA XI 1656. S.137-144.

28 Form nach: Hans-Ingo Radatz: Materialien zur Ausgliederung der romanischen Sprachen. URL: http://www.meta.narr.de/9783823368540/appendix_244.pdf (Stand 20.10.2016).

29 Meiser, Gerhard: Hist. Laut- und Formenlehre. §48.

30 Hierzu: „Der sogenannte Hiat [...] wurde von den Sprechern des Lateinischen offenbar als störend empfunden, weil kein Konsonant die beiden Silben trennte, die die vokalische Schallfülle aufwiesen." Kramer, Johannes: Vulgärlateinische Alltagsdokumente. S.29 f.

31 Siehe Appendix Probi: Hans-Ingo Radatz: Materialien zur Ausgliederung der romanischen Sprachen. URL: http://www.meta.narr.de/9783823368540/appendix_244.pdf (Stand 20.10.2016).

32 Form nach: ebd.

33 Kramer, Johannes: Vulgärlateinische Alltagsdokumente. P. Louvre Eg. Inv. 2329. S.145-156.

Die benannte Kontraktion der Vokale trat neben der Konsonantisierung als zweithäufigste Methode auf, was Formen wie *dodece*[34] statt *duodecĭm* oder *mihĭ* > **mii* > **mĭ*[35] belegen.

3.Synkopen

Lag der Akzent auf der drittletzen Silbe, so konnte der Vokal der folgenden (meistens /u/ in K*ulus*-Endungen) wegfallen[36], wodurch das Wort um eine Silbe reduziert wurde und sich nun neue Konsonantenverbindungen ergaben. Beispielhaft hierfür sind in der Appendix Probi[37] kritisierte Neuerungen wie *anglus* von *angulus* (> fr. *angle*, kat. *angle*, okz. *angle*), *caldus* von *calidus* (> it. *caldo*, sp. *caldo*, pt. *caldo*, ro. *cald*), *masclus* von *masculus* (> sp. *muslo*, fr. *musclé*, okz. *muscle*, rätorom. *muscla*), und *veclus* von *vetulus* (> it. *vecchio*, dalmat. *vieclo*, rätorom. *vegl*, macedorom. *veclju*).

So ist schon im Quantitätenkollaps und in den Vokalqualitäten des Vulgärlateinischen, der Monophthongierung und den Vokalwandlungen bzw. -entfällen ein Einfluss auf die lateinische Sprachentwicklung zu beobachten, der zuerst die Lexik des gesprochenen Lateins und schließlich die der hieraus hervorgegangenen romanischen Sprachen betrifft. Zu vermerken ist jedoch, dass die Neuerung hierbei auf dem Quantitätenkollaps liegt, da das Vulgärlateinische mit Synkopen und Monophthongierungen Veränderungen fortsetzte, die bereits für die Entstehung des klassischen Lateins aus dem Altlatein verantwortlich waren[38].

---

34 Kramer, Johannes: Vulgärlateinische Alltagsdokumente. CIL XIII 7645. S.115-120.
35 Siehe: ebd. P. Mich. VIII 471 = ChLA XLII 1120. S.59-74 sowie Hunink, Vincent: 1000 Graffiti aus Pompeji. S. 351.
36 Vgl. Kramer, Johannes: Vulgärlateinische Alltagsdokumente. S.31.
37 Die sog. Appendix Probi stellt ein im 7. Jh. n. Chr. angefertigtes Manuskript auf Basis eines älteren von Ende des 4. Jh. n. Chr. dar, welches grammatikalische Hinweise und Korrekturen für die lateinische Sprache beschreibt. Am bekanntesten davon ist der Teil, der sich mit vulgärlateinischen Vokabeln und deren Richtigstellungen im klassischen Latein befasst. Vgl. auch für folgende Vokabeln der Appendix Probi: Kramer, Johannes: Vulgärlateinische Alltagsdokumente. S. 159-169 und Hans-Ingo Radatz: Materialien zur Ausgliederung der romanischen Sprachen. URL: http://www.meta.narr.de/9783823368540/appendix_244.pdf (Stand 20.10.2016).
38 Siehe für diese Wandel: Meiser, Gerhard: Historische Laut- und Formenlehre. §47 und §51.

2.3 Konsonantismus

Der vlat. Konsonantismus war durch seine Lautveränderungen vielfach Auslöser grammatikalischer Umstrukturierungen (siehe 2.6.1). Im Folgenden werde ich zusammen mit Beispielen eine Übersicht über die verschiedenen und dabei wichtigsten Lautwandel geben[39].

/u/ ([w]), /b/ ([b]) > [β]	vgl. z.B. *„PER IOBE"*[40] für *„per Iouēm"*, *„ibi"*[41] statt *„īuī"*
[h] > Ø[42]	vgl. z.B. *„abuit"* für *„habuit"*, *„incebinde"*[43] für *„hinc et inde"*
/qu/ ([kʷ]) > [k]	vgl. z.B. *„aequm"*[44] für *„aequūm"*, *„κινκυε"*[45] für *„κυινκυε"*
/ps/ > /s(s)/	vgl. z.B. *„scrisi"*[46] für *„scrīpsī"*, *„isse"*[47] für *„ipsae"*
/ks/ > /s/	vgl. z.B. *„felatris"*[48] statt *„fellātrīx"*, *„uisit"*[49] für *„uīxit"*
Ṽns[50] > Ṽs	vgl. z.B. *„trasit"*[51] für *„trãnsiit"*, *„Vales"*[52] anstatt *„Ualẽns"*
Ṽm[53] > Ṽ /_#[54]	vgl. z.B. *„CORA"* für *„corãm"*[55], *„ΠΟΕΡΥ"*[56] für *„ποερυμ"*
/t/ > Ø /_#	vgl. z.B. *„PLACE"* statt *„placet"*[57], *„CALA"* für *„calat"*[58]
orom. /s/ > Ø /_#[59]	vgl. z.B. it. *amici* und sp. *amigos* (näheres in 2.5.2.1)

---

39 Palatalisierung ausgenommen, dafür siehe aber 4.2.
40 Joseph Georg, John Anthony Crook: Rechtsurkunden in Vulgärlatein aus den Jahren 37-39 n. Chr. Heidelberg. Carl Winter Universitätsverlag 1989. TP 18 [TPN 59]. S.34.
41 Kramer, Johannes: Vulgärlateinische Alltagsdokumente. P. Mich. VIII 471 = ChLA XLII 1120. S.64.
42 /h/ wurde spätestens ab 70 v. Chr. nicht mehr artikuliert.
43 Beides: Kramer, J.: Vulgärlateinische Alltagsdokumente. P. Mich. VIII 471 = ChLA XLII 1120. S.64.
44 Ebd.
45 Ebd. SB III 6304. S.131.
46 Ebd.
47 Hunink, Vincent: 1000 Graffiti aus Pompeji. CIL IV 8364. S.57.
48 Ebd. CIL IV 2292. S.231.
49 Kramer, Johannes: Vulgärlateinische Alltagsdokumente. CIL XIII 7645. S.116.
50 Das /n/ wurde hierbei nur stimmlos ([n̥]) artikuliert, vgl. auch Fußnote 53.
51 Ebd.
52 Ebd. SB XXII 15638 = ChLA XLIII 1242. S.93.
53 Wurde das /m/ im klassischen Latein überhaupt noch am Wortende realisiert, so meiner Auffassung nach wahrscheinlich stimmlos als [m̥], was eine Auswirkung des vorhergehenden Nasalvokales darstellte, bspw. /anserem/ [ˈãːn̥serẽm̥], /meum/ [ˈmɛũm̥], /senatorem/ [senaːˈtoːrẽm̥], /tum/ [tũm̥], vgl. dafür regelmäßig fehlendes -m in alat. Inschriften in: Meiser, Gerhard: Historische Laut- und Formenlehre. §4. (Dies soll jedoch nicht wenn nicht nötig i.d. Schreibung deutlich gemacht werden.)
54 Für Nasalierung des Vokales siehe: Ebd. §69 sowie auch 2.3.
55 Joseph Georg, John Anthony Crook: Rechtsurkunden in Vulgärlatein. TP 7 [TPN 86]. S.30.
56 Hunink, Vincent: 1000 Graffiti aus Pompeji. CIL IV 8968. S.322.
57 Ebd. CIL IV 1173. S.343.
58 Ebd. CIL IV 8715b. S.92.
59 Dazu: Euler, Wolfram: Vom Vulgärlatein zu den romanischen Einzelsprachen. Überlegungen zur

Weiterhin konnte vor einem *s*K am Wortanfang (einem sog. „s-impurum") ein Prothese-vokal (/i/) gesetzt werden[60], welcher dem Sprecher des Vulgärlateinischen die Aussprache nach einem Auslautkonsonanten des vorherigen Wortes erleichtert haben muss[61], vgl. z.B. „*iscio*"[62] oder vlat. *$\bar{\imath}$scholã(ṃ)* > *$\dot{e}$schọlã* [eˈskʰɔ̀lã] > sp. *escuela*, afr. *escole*, pt. *escola*.

Der Einfluss des Vulgärlateins ist also deutlich in der Umgestaltung des Konsonantensys-tems zu erkennen, welches durch einige Änderungen gravierende Auswirkungen auf die weitere Entwicklung der Morphologie hatte (siehe 2.6.1) und damit fest mit ihr verbunden ist.

2.4 Nominalmorphologie

Folgenschweren Umgestaltungen im Vulgärlatein wurde auch die lateinische Nominalmor-phologie unterworfen, deren „Reform" zu den zwei größten Veränderungsprozessen (neben der vlat. Verbalmorphologie) der lateinischen Sprache durch das gesprochene Latein auf dem Weg zu den romanischen Sprachen zählt.

2.4.1 Rektion

Da die vlat. Reduktion stark mit der Rektion verbunden ist, ist es am zweckdienlichsten, sich zuerst mit Letzterem zu befassen, da dies im nachfolgenden Kapitel wiederaufgegrif-fen werden wird und Ausgangsbasis für die dort behandelten Prozesse ist.

Die richtige Verwendung bestimmter Kasus, die lat. Präpositionen für ihre Ergänzungen er-forderten, wurde in der Umgangssprache weitaus flexibler gehandhabt als in der Schrift-sprache. Betrachtet man die acht Präpositionen, die mit Ablativ stehen, und die 26, die hingegen den Akkusativ regieren[63], so ist leicht ersichtlich, dass bei zwanglosem Gebrauch

Aufgliederung von Protosprachen. Wien. Präsens Verlag 2005 S.17 und 46-47.

60 Vgl. Kramer, Johannes: Vulgärlateinische Alltagsdokumente. S.33.

61 Siehe: Kiesler, Reinhard: Einführung in die Problematik des Vulgärlateins. S.47-48.

62 Kramer, Johannes: Vulgärlateinische Alltagsdokumente. P. Louvre Eg. inv. 2329. S.149.

63 Die drei Präpositionen *in*, *sub* und *super*, die je nach Bedeutung beide Kasus regieren können,

und erhöhter Regelmäßigkeit einer der obliquen Kasus den anderen verdrängte. Dieser Prozess ist in vulgärlateinischen schriftlichen Quellen eindeutig zu beobachten, wie diesem Graffiti aus Pompeji (79 n. Chr.)[64]:

„PROGAMVS CVM IVMENTVM"

Cūm, das eigentlich den Ablativ regiert (richtig wäre folglich: *„Progamus cūm iūmentō"*), wurde hier mit einem Objekt im Akkusativ versehen. Auch das folgende Beispiel[65] aus einer Privatkorrespondenz aus dem frühen 2. Jh. n. Chr. weist diese vlat. Tendenz neben vielen anderen Eigenheiten auf:

„Et fa/ctum est illi uenire Alexandrie con tirones et me reli/quid con matrem meam."

Der Verfasser des Briefes benutzt anschaulich wiederholtes *con* + Akk. anstelle von klat. *cūm* + Abl., welches ihn zusammen mit weiteren Besonderheiten[66] (wie vlat. *„factum est"* für klat. *eō tempŏre*, Konstruktionssubjekt des AcI im Dativ statt Akkusativ (*„illi"* statt *illūm*, klat. *eūm* (siehe 2.5)) sowie falschem Kasus für den Direktionalis (*„Alexandrie"* aus *Alexandriae* statt *Alexandriăm*) und -*d* statt -*t* (*„reliquid"*)) als sehr im Vulgärlateinischen verwurzelten Sprecher indiziert.

In einem weiteren Brief desselben Schreibers taucht *„me iacentem"*[67] als Ablativus absolutus auf, dessen Ablativ vom Akkusativ abgelöst worden ist.

Auch die „Cena Trimalchionis" von Petron verdeutlicht in ihren Tischgesprächen die Sprechgewohnheiten verschiedener römischer Schichten, besonders die der Sklaven, die auf einem niedrigeren Bildungsniveau als die Bürger standen und daher weitaus empfänglicher für solche Fehler waren:

„Scimus te prae litteras fatuum esse."[68]

Hier wird eine Unsicherheit im Gebrauch des richtigen Kasus für *prae* demonstriert, welches statt Ablativ (*„prae litterīs"*) mit für das Vulgärlateinische üblichem Akkusativ steht. Wichtig ist vor allem die Präposition *dē* + Abl., die in der Umgangssprache wie alle anderen klat. ablativfordernden Präpositionen auch einen Akkusativ regiert haben muss (bspw. **dę mę(n)să* statt *dē mę̄ņsā*).

sind hier nicht dazu gezählt.
64 Hunink, Vincent: 1000 Graffiti aus Pompeji. CIL IV 8976. S.323.
65 Kramer, Johannes: Vulgärlateinische Alltagsdokumente. P. Mich. VIII 471 = ChLA XLII 1120. S.64.
66 Vgl. ebd. S.71.
67 Schriftliche Quellen des Vulgärlateins. In: Welt der Sprache. URL: http://www.weikopf.de/ index.php?article_id=243 (Stand 16.11.2016).
68 Petron: Cena Trimalchionis. Stuttgart. Reclam 2016. Kap. 46,1.

Auf diese Weise wurde der Akkusativ zum casus generalis[69] und verdrängte die übrigen obliquen Kasus aus bestimmten Positionen innerhalb der lateinischen Morphologie, wodurch die klat. „Präposition-Kasus-Zuordnung" aufgegeben wurde und dem vlat. Prinzip „Präposition + Akkusativ" wich, was direkt zur Reduktion führt.

2.4.2 Reduktion

2.4.2.1 Kasusreduktion

Im Vulgärlateinischen war das klassisch-lateinische Flexionssystem der Substantive starken Vereinfachungsprozessen unterworfen. Die sechs Kasus Nominativ, Genitiv, Dativ, Akkusativ, Ablativ und Vokativ, die die klat. Nominalflexion in zwei Numeri (Singular und Plural) aufwies, wurden in der Umgangssprache zunehmend durch analytische Formen mit Präposition ersetzt.

1. Genitiv

Der Genitiv wurde vermehrt nicht mehr synthetisch, sondern analytisch mit „dē" gebildet, bspw.:

„mittas per aliquem de nostris"[70] statt klat. „mittās per aliquēm nostrōrŭm".

Auch Petron gibt ein Beispiel für die Genitivreduktion:

„quia volo illum ad domusionem aliquid de iure gustare."[71] anstelle von „quia uolō eŭm ad domūsiōnēm aliquid iūris gustāre.".

2. Dativ

Während der Genitiv durch „dē" wiedergegeben wurde, benutzten die Sprecher des Vulgärlateinischen die Präposition „ad" als funktionalen Ersatz für den Dativ:

„transmisi at te domine"[72] anstatt klat. „trānsmīsī tibi domine".

Ein weiteres Beispiel findet sich in der Parodie des Salischen Gesetzes aus der zweiten

---

69 Vgl. Kramer, Johannes: Vulgärlateinische Alltagsdokumente. S.72.
70 Kramer, Johannes: Vulgärlateinische Alltagsdokumente. Tab. Vindol. II, Nr. 310. S.50.
71 Petron: Cena Trimalchionis. Kap. 46,7.
72 Ebd. Text 4a: O. Bu Njem 76. S.77.

Hälfte des 8. Jh.:

„ad illo botiliario frangant lo cabo"[73] für klat. *„botiliariō caput frangant"*.

3. Ablativ

Der Ablativ verlor weitestgehend an Bedeutung, vor allem sein großes Funktionsinventar wurde erst auf den häufigen Instrumentalis beschränkt, der schließlich durch *„cŭm"* bzw. *„per"* und im Passiv durch *„dē"* bzw. *„a(b)"*[74] ersetzt wurde. So heißt es in der ersten beim Dativ genannten Textstelle weiter:

„per kamellarios Iddibalis/ selesua tridici · VII · septe/ et semis."[75] statt instrumentalem Ablativ *„camēlāriīs Iddibalis selesua tridici · VII · septĕm et sēmis."*.

Cŭm steht anstelle eines synthetischen Ablatives in:

„in ipsum pactum titulum unum cum Deo adiutorio pertractare debirent"[76] für klat. *„in ipsō pactō titulŭm diō/ Deī adiutoriō pertractandŭm esset."*.

4. Vokativ

Der Vokativ hat nur im Rumänischen überlebt[77], wurde in den anderen rom. Sprachen aber vom Rectus ersetzt.

Diese analytischen Formen verdrängten letztendlich die synthetischen obliquen Kasus des Lateinischen, die im späten Vulgärlateinischen dann vollends ausgestorben waren. Da deren Ergänzungen dank der vlat. Rektion vermehrt im Akkusativ standen, ergab sich zunächst ein Zweikasussystem[78] aus Rectus und Obliquus, das in altfranzösischen Überlieferungen noch greifbar ist: Rect.Sg. *murs*, Obl.Sg. *mur*, Rect.Pl. *mur*, Obl.Pl. *murs* (aus lat. *murus*). Die weiteren Reduktionsschritte werden zum besseren Verständnis in einzelne Abschnitte eingeteilt.

1. Nasalschwund

Durch den auffälligen Nasalschwund (siehe auch 2.3 und 2.6.1) im Obliquus verloren die

---

73 Kiesler, Reinhard: Einführung in die Problematik des Vulgärlateins. S.116.
74 Auf der iberischen Halbinsel durch vlat. **pọr* aus klat. *per* bzw. *pro*.
75 Kramer, Johannes: Vulgärlateinische Alltagsdokumente. Text 4a: O. Bu Njem 76. S.77.
76 Kiesler, Reinhard: Einführung in die Problematik des Vulgärlateins. S.116.
77 Vgl. ro. Nom. *domn*, Vok. *domnule* mit klat. *dominus*, Vok. *domine* und vlat. **dọmnŭ*, Vok. **dọmnę* – eher Diminutiv **dọmnųlę*.
78 Rumänisch ausgenommen.

ehem. Akk.Sg.-Endungen ihr -*m*, was sich eindeutig durch vlat. Schriftzeugnisse nachweisen lässt. So begegnet in Rechtsurkunden der Jahre 37-39 n. Chr. häufig ein Auslassen des Nasals in dem Urkundenteil, der vom Schuldner (I) verfasst wurde – in jenem jedoch, der vom Urkundenaufsetzer (II) geschrieben wurde, nicht[79]:

„PER IOBE OPTUMM MAXU/MU" (I) gegen *„PER IOVEM OPTU/MUM MAX"* (II).

Auch pompejanische Graffiti geben Einblick in diese Veränderung, die mit einer Nasalierung des vorhergehenden Vokales einherging (siehe 2.3), wie das folgende, unfeine Beispiel zeigt :

„REST[IT]VTVS/ RESTETVTA/ PONE TVNICA/ ROGO REDES/ PILOSA CO[N-NVM]"[80].

Hierbei wurde in *„tunica"* sowie *„pilosa co[nnum]"* das Akk.-*m* weggelassen.

Auch diese Inschrift weist in ihrer starken vulgärlateinischen Form diesen Schwund auf:

„NIYCHERATE V/ANA SVCCVLA/ QVE AMAS/ FELICIONE/ ET AT PORTA/ DEDV-CES/ ILLVC/ TANTV/ IN MENTE/ ABETO".[81]

Durch den nun fehlenden Konsonanten, der zur alten ererbten Flexionsendung dazugehörte, unterlag der neue „Endvokal" des Obliquus dem vlat. Nebentonvokalismus: /u/ (aus -*ũ*ɱ) wurde zu -*ǫ*, /a/ (aus -*ã*ɱ) zu -*a*, /e/ (aus -*ẽ*ɱ) zu -*ę*.

2. Frikativschwund

Neben dem Schluss-*m* war auch das lat. /s/ ([s]) am Wortende bereits im klassischen Latein labil[82], weshalb in den orom. Sprachen im Gegensatz zu den wrom. dieser Endkonsonant ebenfalls fehlt (daher it. Sg. *il amico*, Pl. hingegen *i amici* < klat. Nom.Pl. *amīcī*, nicht wie sp. Pl. *los amigos* < klat. Akk.Pl. *amīcōs*; it. Sg. *la amica*, Pl. *le amiche* < klat. Nom.Pl. *amīcae*, sp. Pl. *las amigas* < Nom.Pl. *amīcās* (siehe auch 2.4.3)).

---

79 Da die Urkundentexte einem festen Schema folgten („Lückentext"), konnte der Schreiber die formal vorgegebenen Passagen in klat. Rechtssprache wohl „abschreiben" – dem Schuldner jedoch wurden gleiche evtl. in Umgangssprache diktiert, sodass sich dies zusätzlich zu Gewohnheiten in der informellen, alltäglichen Schreibung niederschlug. Auch lässt sich in den Wortfeldern, in denen Nasalentfall auftritt, erkennen, dass dies vermehrt auf Wörter des Feldes „tägliches Handelsvokabular" (bspw. *nummu, suma* [sic!], *septe, repositu*) zutrifft, ganz im Gegensatz zu Adverbien, Präpositionen und Formalia, die dies nicht aufweisen (bspw. *actum putolis, cum, horreum*). Für Urkundenarten und folgendes Zitat siehe: Joseph Georg, John Anthony Crook: Rechtsurkunden in Vulgärlatein. S.10-14, TP 18 [TPN 59] S.34 und 35.

80 Hunink, Vincent: 1000 Graffiti aus Pompeji. CIL IV 3951. S.32.

81 Ebd. CIL IV 2013. S.213.

82 Vgl. Euler, Wolfram: Vom Vulgärlatein zu den romanischen Einzelsprachen. S.17 und 47.

3. Casus generalis

Im Verlauf der einzelnen Reduktionsprozesse ersetzte der Obliquus schließlich den Rectus[83], womit aus den ehemals sechs lat. Kasus ein einzelner Universalfall wurde. Beispiele für dieses „Rectus-Ersetzen" im Vulgärlateinischen findet man in Grabinschriften aus Nordafrika des 4. Jh. n. Chr.:

„*filias patri dulcissimo fecerunt*" anstatt klat. „*fīliae patrī dulcissimō fēcērunt*";

„*Iulia Crescensa... cui filios et nepotes obitum fecerunt*"[84] statt „*Iulia Crescensa... cui fīliī et nepōtēs obitūm fēcērunt*".

Am Wahrscheinlichsten gilt dabei laut Euler[85] eine Analogiebildung anhand der synkretist. kons. Nom.Pl.- und Akk.Pl.-Endung -*ēs*, die durch ihre funktionellen Entsprechungen im Akk.Pl. der anderen Dekl.klassen deren Rectusendungen in der Mehrzahl verdrängten.

Bei der vlat. Kasusreduktion lässt sich also abschließend feststellen, dass diese umgangssprachliche Entwicklung der lateinischen Sprache ihre synthetische Form in der Nominalmorphologie nahm und das ererbte idg. Kasussystem letztendlich aufgab. Eingeordnet in einen erweiterten Zusammenhang „vollendete" das Vlat. damit schließlich beiläufig auch den Kasusabbau, welchen das Urital. bei der Entwicklung aus dem Idg. begonnen hatte[86].

2.4.2.2 Genusreduktion

Neben den Kasus waren auch die lat. Genera einer Reduzierung unterworfen[87] – das Neutrum starb auf diese Weise beim Übergang des Vulgärlateinischen zum Protoromanischen fast komplett aus[88], und wurde durch das Maskulinum ersetzt. Frühe Zeugnisse dieses Neutrumsverlustes lassen sich in vlat. Überlieferungen ausmachen, wobei dies vor allem in der Cena Trimalchionis deutlich wird. So findet sich bspw.:

---

83 Dies wird in der Literatur oft pauschalisiert – in der Ostromania nämlich ersetzte umgekehrt der Rectus den Obliquus aufgrund des Frikativschwundes.
84 Beides: Euler, Wolfram: Vom Vulgärlatein zu den romanischen Einzelsprachen. S.39.
85 Vlg. ebd. S.17f.
86 Bspw. fielen so Abl. und Instr. zusammen. Siehe für Wandel von Idg. > Alat.: Meiser, Gerhard: Historische Laut- und Formenlehre. §91-102.
87 Siehe: Kiesler, Reinhard: Einführung in die Problematik des Vulgärlateins. S.51 und 52.
88 Ausnahmen sind dabei das Rumänische und rare, alte Neutraformen im It., vgl. Sg. *l'uovo* mit Pl. *le uova*.

„vix me balneus calfecit." mit mask. balneus für eigentlich klat. neutr. *balineŭm*; einen

Satz später lässt derselbe Sklave verlauten: *„vinus mihi in cerebrum abiit."*[89] mit offen-

sichtlichem mask. *uīnus* = klat. neutr. *uīnŭm*. *„Caelus"*[90] statt neutr. *caelŭm* sowie *„ut am-*

phitheater videat"[91] anstelle von neutr. *amphitheātrŭm* geben weitere Einblicke in die

zunehmende „Maskulinisierung" der lat. Neutra.

Bei *„et ideo pauperorum verba derides"*[92] für *„et ideō pauperŭm uerba dērīdēs"* liegt

dabei eine ganze Deklinationsklassenverschiebung vor, die sich wohl an *„pulcher"* der o-

Dekl. orientiert[93]. In *„unum lactem"*[94] statt *„ūnŭm lac"* wurde der ganze Stamm neu nach

mask. Vorbild gebildet: n. *lac* => m. *lac* , dadurch Akk.Sg.n. *lac* => Akk.Sg.m. *lactĕm* (vgl.

auch it. *latte*), wie reguläres mask. *mīles*, Akk.Sg. *mīlit-ĕm* oder *mõns*, Akk.Sg. *mont-ĕm*.

Im Vulgärlateinischen wurden so alle klat. Neutra „eliminiert", wodurch das lateinische

Genussystem ein Geschlecht verlor und nur noch maskulin und feminin unterschied.

2.4.2.3 Deklinationsklassenreduktion

Als letzter Teil der vlat. Reduktion in der Nominalmorphologie ist die Deklinationsklas-

senreduktion zu nennen, die zeitgleich mit den anderen Vereinfachungsprozessen statt-

fand.

Das klat. Klassensystem, welches sich in ā-, o-, kons., i-, u- und ē-Deklination gliederte,

brach in der Umgangssprache zusammen, und die ursprünglichen sechs Flexionsmuster

gingen in nunmehr drei überlebenden auf[95]:

---

89 Petron: Cena Trimalchionis. Kap. 41,11-12.
90 Ebd. Kap. 39,5.
91 Ebd. Kap. 45,6.
92 Ebd. Kap. 46,1.
93 Hierzu: Vgl. auch *„pulcheri"* ohne Stammänderung für *„pulchrī"*, was zu Analogiebildung bei *„pauperorŭm"*, †*„pauprōrŭm"* geführt haben muss. *„Pulcheri"* entnommen: Kramer, Johannes: Vulgärlateinische Alltagsdokumente. P. Amh. II 26 = CLA XI 1656. S.140.
94 Petron: Cena Trimalchionis. Kap. 71,1.
95 Siehe: Kiesler, Reinhard: Einführung in die Problematik des Vulgärlateins. S.49-51 sowie Eierstock, Johanna: Romanisierung und Vulgärlatein. 3.1.1.2.

1. ā-Deklination

In der Regel blieben alle femininen Substantive der ā-Deklination auch in ihrer Klasse, lediglich einige neue aus früheren anderen Flexionsmustern kamen dazu: klat.n. *problēma*, welches der kons. Dekl. angehörte und den Gen. auf -*atis* bildete, wurde durch seinen Akk.Sg. auf *problēma*, der durch die Kasusreduktion zum Rectus wurde, in die ā-Dekl. eingegliedert und bildete schließlich auch den Plural auf -*as* (Westromania). Das Geschlecht, welches sich durch die Genusreduktion dabei von Neutrum zu Maskulin änderte, wurde beibehalten, sodass sich daraus im Spanischen Sg. *el problema*, Pl. *los problemas* ergibt[96].

2. o-Deklination

Die klat. o- und u-Deklination fielen in der o-Deklination zusammen, da die gebräuchlichen[97] Nom. und Akk.Sg.-Endungen der u-Dekl. ohnehin der o-Dekl. gleich waren, und die Erscheinung des Nom.Sg. der u-Dekl. im Alltag ferner anfällig für eine Übertragung der Flexion auf die o-Dekl. war. Auf einem Sesterz findet sich so *„CONCORDIA EXERCITI"*[98] mit nach o-Muster dekliniertem, der u-Deklination angehörigem *exercitus*.

Auch die heutigen romanischen Sprachen geben weitere Exempel: it. Sg. *la mano*, Pl. *le mani* hat sich aus vlat. Sg. **ęllạ mạnũ(ɱ)* und der ō-Deklination folgendem Plural **ęllę mạnį̦* gebildet.

3. konsonantische Deklination

Die verbliebenen Deklinationsklassen, namentlich die kons. (und gemischte), i- und ē-Deklination, gingen alle in der konsonantischen Deklination auf, da ihre Flexionsendungen sowieso weitestgehend mit denen der kons. Äquivalente übereinstimmten.

Man vergleiche dazu klat. Akk.Sg. *turrĭm* (i-Dekl.) mit vlat. **tǫrrę̃* (< **turrę̃(m))* und it./ sp./ pt. *torre*, klat. Akk.Pl. *turrīs* mit vlat. **tǫrręs* und sp./ pt. *torres* sowie klat. Akk.Sg. *speciĕm* (ē-Dekl.) über vlat. **ęspęci̯ę̃* (< **ĭspeci̯ę̃(m))* zu it. *specie*, sp. *especie*, ro. *specie*.

---

96 Im Italienischen (Ostromania) wurde das nun mask. Subst. durch eine entsprechend regularisierte Pluralendung ergänzt: Sg. *il problema*, Pl. *i problemi*.
97 Siehe auch: 2.4.2.1.
98 Schlösser, Rainer: Die romanischen Sprachen. S.27.

2.4.3 Paradigmen

Betrachtet man anschließend alle morphologischen Veränderungen insgesamt, lassen sich daraus vulgärlateinische Beispielparadigmen aufstellen, die die Prozesse in ihrem Zusammenspiel noch einmal verdeutlichen.

In den folgenden Tabellen bezeichnet „Vulgärlatein I" jeweils das Flexionsparadigma des Substantives nach Einsetzen der Kasusersetzung durch Präposition und deren vlat. Rektion sowie des vlat. Vokalismus und des Nasalentfalles, wobei der Nebentonvokalismus noch nicht auf den übrig gebliebenen Endvokal (des Obliquus) übergegriffen hat.

„Vulgärlatein Westromania" sowie „Ostromania" geben dann einen Einblick in die Flexionsparadigmen nach vollständiger Umgestaltung des Vokalismus (welcher nun auch den Endvokal der konsonantenlosen Akkusativendung betrifft) und dem „Rectusersetzen" durch den Obliquus.

1. ā-Deklination

	ā-Deklination (f.) >	a-Deklination (f.) >	ạ-„Deklination" (f.)	
Periode	klassisches Latein >	Vulgärlatein I >	Vulgärlatein Westromania	Vulgärlatein Ostromania
klat. Kasus	*bŭcca*	*βǫcca*	*bǫccạ*	*bǫccạ*
Sg.				
Nom.	*bŭcca*	*βǫcca*	*bǫccạ*	*bǫccạ*
Gen.	*bŭccae*	*de βǫccã(ṃ)*	*de bǫccạ*	*de bǫccạ*
Dat.	*bŭccae*	*ạ(d) βǫccã(ṃ)*	*ạ(d) bǫccạ*	*ạ(d) bǫccạ*
Akk.	*bŭccãm*	*βǫccã(ṃ)*	*bǫccạ*	*bǫccạ*
Abl.	*bŭccã*	*cŭ/de βǫccã(ṃ)*	*cǫn/de bǫccạ*	*cǫn/de bǫccạ*
Vok.	*bŭcca*	*βǫcca*	*bǫccạ*	*bǫccạ*
Pl.				
Nom./Vok.	*bŭccae*	*βǫccę*	*bǫccạs*	*bǫccę*
Gen.	*bŭccārŭm*	*de βǫccạs*	*de bǫccạs*	*de bǫccę*
Dat.	*bŭccīs*	*ạ(d) βǫccạs*	*ạ(d) bǫccạs*	*ạ(d) bǫccę*
Akk.	*bŭccās*	*βǫccạs*	*bǫccạs*	*bǫccę*
Abl.	*bŭccīs*	*cŭṃ/de βǫccạs*	*cǫn/de bǫccạs*	*cǫn/de bǫccę*

2. o-Deklination

	o-Deklination (m., n.) >	o-Deklination (m.) >	ǫ-„Deklination" (m.)	
Periode	klassisches Latein >	Vulgärlatein I >	Vulgärlatein Westromania	Vulgärlatein Ostromania
klat. Kasus	amīcus	amịcus/amịcọs	amịcọ	amịcọ
Sg.				
Nom.	amīcus	amịcus/amịcọs	amịcọ	amịcọ
Gen.	amīcī	dẹ amịcũ(m̥)	dẹ amịcọ	dẹ amịcọ
Dat.	amīcō	ạ(d) amịcũ(m̥)	ạ(d) amịcọ	ạ(d) amịcọ
Akk.	amīcũm	amịcũ(m̥)	amịcọ	amịcọ
Abl.	amīcō	cũ/dẹ amịcũ(m̥)	cọn/dẹ amịcọ	cọn/dẹ amịcọ
Vok.	amīce	amịcẹ	amịcọ	amịcọ
Pl.				
Nom./Vok.	amīcī	amịcị	amịcọs	amịcị
Gen.	amīcōrũm	dẹ amịcọs	dẹ amịcọs	dẹ amịcị
Dat.	amīcīs	ạ(d) amịcọs	ạ(d) amịcọs	ạ(d) amịcị
Akk.	amīcōs	amịcọs	amịcọs	amịcị
Abl.	amīcīs	cũm̥/dẹ amịcọs	cọn/dẹ amịcọs	cọn/dẹ amịcị

3. konsonantische Deklination

	kons. Dekl. (m., f., n.) >	kons. Dekl. (m., f.) >	kons. „Deklination" (m., f.)	
Periode	klassisches Latein >	Vulgärlatein I >	Vulgärlatein Westromania	Vulgärlatein Ostromania
klat. Kasus	canis	canẹs	canẹ	canẹ
Sg.				
Nom.	canis	canẹs	canẹ	canẹ
Gen.	canis	dẹ canẽ(m̥)	dẹ canẹ	dẹ canẹ
Dat.	canī	ạ(d) canẽ(m̥)	ạ(d) canẹ	ạ(d) canẹ
Akk.	canẽm	canẽ(m̥)	canẹ	canẹ
Abl.	cane	cũm̥/dẹ canẽ(m̥)	cọn/dẹ canẹ	cọn/dẹ canẹ
Vok.	canis	canẹs	canẹ	canẹ
Pl.				
Nom./Vok.	canēs	canẹs	canẹs	canị[99]

23

Gen.	canûm	dę canęs	dę canęs	dę canį
Dat.	canibus	ą(d) canęs	ą(d) canęs	ą(d) canį
Akk.	canēs	canęs	canęs	canį
Abl.	canibus	cūm̨/dę canęs	cǫn/dę canęs	cǫn/dę canį

In den Paradigmen lässt sich noch einmal abschließend der immense Reduktionsprozess der Kasus veranschaulichen, der zur völligen Aufgabe des Deklinationssystems geführt hat und als morph. Kategorien nur noch den Numerus und Genus zurück ließ.

2.5 Pronomina

2.5.1 Personal- und Possessivpronomina

Die Veränderungen der Personalpronomen sind im Vulgärlateinischen erst spät greifbar, und mangels vulgärlateinischer Beweise mehr durch die romanischen Sprachen rekonstruierbar. Dabei schienen sich die die 1. und 2. Person der Personalpronomen konservativ zu verhalten[100] und sind daher in den heutigen rom. Sprachen noch mit wenigen Ausnahmen genauso anzutreffen:

Pronomentyp	Kasus	Sg.		Pl.	
		1.Ps.	2.Ps.	1.Ps.	2.Ps.
Ps.pronomen	Nom.	*ęǫ[101] > *įǫ	*tų	*nǫs[102]	*βǫs[103]
	Dat.	*mį < *mī < *mii	*tęβę > -, *tę	*nǫβį(s) > -	*βǫβį(s) > -
	Akk.	*mę	*tę	*nǫs	*βǫs
Poss.pron.[104]	universal	*męǫ, *męą	*tǭ, *tǫą; *tųǫ,*tųą	*nǫstrǫ, *nǫstrą	*βǫstrǫ, *βǫstrą

---

99 In der Ostromania entspricht die Pluralform der früheren kons. Deklination durch Analogiebildung der der ehem. o-Deklination.
100 Vgl. Kiesler, Reinhard: Einführung in die Problematik des Vulgärlateins. S.53.
101 *Ęǫ < egō durch Schwund des intervokalischen stimmhaften Verschlusslautes /g/.
102 Entspricht später ostrom. *nǫį.
103 Entspricht später ostrom. *vǫį.
104 Angegeben im Singular.

Die 3.Ps. indes nimmt eine Extrastellung in der vlat. Entwicklung ein – das im klassischen Latein als Personalpronomen verwendete „*is, ea, id*" wurde durch Einfluss des im Vulgärlateinischen bevorzugten Demonstrativpronomens „*ille, illa, illud*" (siehe auch 2.5.2.1) ebenfalls von ihm ersetzt. So wich die deiktische Funktion des Demonstrativums zunehmend einer anaphorischen, womit es in seinen speziellen Formen fest als Personalpronomen eingegliedert werden konnte. Dabei sind zwei Formen herauszuheben, die trotz einmaliger Belege fest in der Alltagssprache verwurzelt gewesen sein müssen[105]: Dat.Sg. m. *illŭi* und f. *illẹi* < **illaei*, die im It. die Rolle des Rectus, im Fr. die des indirekten Objektpronomens übernommen haben.

Das Possessivpronomen der 3.Ps. „*suus, sua, suŭm*" entwickelte sich wie das der 2.Ps.Sg. aus dem vlat. Akk.Sg. **sŭŭ, *sŭą* zu **sǭ* (Pl. **sǭs*), **sǫą* (Pl. **sǫąs*) bzw. **suǫ, *suą*[106] unter Wahrung des /u/.

Die Kasusreduktion im Vulgärlateinischen bewirkte jedoch, dass die Fälle mit ihren eigentlichen Funktionen einem „betont-unbetont"-Prinzip wichen[107] – nach Präpositionen und besonderen Hervorhebungen standen im späten Vulgärlateinischen betonte Pronomen, in übrigen Positionen unbetonte[108] klitische[109]. Hierbei ist eine genaue Zuordnung der jeweiligen Ursprünge auf ehem. Kasusformen nicht möglich, da die bet. und unbet. Objektpronomen der heutigen rom. Sprachen keine einheitlichen Abstammungskasus aufweisen.

2.5.2 Schaffung von Artikeln

Eine wichtige und erhebliche Neuerung in der Entwicklung der lateinischen Sprache war

---

105 Für „*illui/ illaei*" siehe: Euler, Wolfram: Vom Vulgärlatein zu den romanischen Einzelsprachen. S.47 sowie Kiesler, Reinhard: Einführung in die Problematik des Vulgärlateins. S.54.

106 Vgl. it. und pt. Possessiva.

107 Hierzu: „Die Unterscheidung der Akzentuierungsgrade selbst ist bereits vlt., wie die Verbreitung dieser Unterscheidung über die Gesamtromania zeigt." Zit. nach: Kiesler, Reinhard: Einführung in die Problematik des Vulgärlateins. S.54.

108 Siehe: Kiesler, Reinhard: Einführung in die Problematik des Vulgärlateins. S.54.

109 Vgl. z.B. sp. *me ama* [me'ama] und *para mí* ['para 'mi]. Klitika waren dem Lateinischen vorher jedoch nicht gänzlich fremd, man vgl. „*puellast*" (*est* > klit. *-st*) sw. ähnliches bei Catull. Für „*puellast*" siehe: Weeber, Karl-Wilhelm: Decius war hier... Mannheim. Artemis & Winkler Verlag 2003. CIL IV 1860. S.65.

die Bildung fester definiter und indefiniter Artikel im (späten) Vulgärlateinischen[110], welche das ehemals artikellose Lateinische zu einer das Substantiv regelmäßig näher bestimmenden Sprache machte.

2.5.2.1 Definitartikel

Bei der Schaffung des definiten Artikels wurde das distale Demonstrativum „ille, illa, illud" anfangs als bevorzugtes deiktisches sowie anaphorisches Demonstrativpronomen genutzt und verdrängte bald seine übrigen klat. Synonyme. So wurde in einem Brief des frühen 2. Jh.n.Chr. jenes Demonstrativum konsequent verwendet, obwohl die Namen der jeweiligen Bezugspersonen direkt davor erscheinen und somit „is, ea, id" geeigneter gewesen wäre:

„aut Quotum in quo numero/ sit et illum a me salutabis/ uerbis meis et Virilem/ ueterinarium rogabis/ illum ut forficem [...] mittas"[111].

Auch in einem anderen Brief aus der selben Zeit findet sich in wörtlicher Rede:

„mater mea[:] spectemus illum"[112], wobei sich „illum" auf den sog. „Ptolemes pater meus" bezieht, der durch den anaphorischen Verweis ebenfalls eher mit „eŭm" benannt hätte werden müssen.[113]

Im „Itinerarium Egeriae" trifft man hingegen gehäuft auf ähnliches, bspw.:

„et illinc denuo ad illud caput uallis descenderemus"[114] oder „singula ibi ostendit seu retulit de illas statuas"[115], womit der Gebrauch jenes Demonstrativums als Artikel zumindest in diesem Werk bereits für das 4. Jh. n. Chr. gesichert ist[116].

Als eindeutiger bestimmter Artikel tritt „ille" jedoch gehäuft noch nicht auf[117] – Quellen

---

110 Siehe auch: Kiesler, Reinhard: Einführung in die Problematik des Vulgärlateins. S.52-55.

111 Kramer, Johannes: Vulgärlateinische Alltagsdokumente. Tab. Vindol. II 310. S.49 und 50.

112 Ebd. P. Mich. VIII 471 = ChLA XLII 1120. S.64.

113 Ein weiteres, früheres Beispiel für den Gebrauch von ille statt is: Hunink, Vincent: 1000 Graffiti aus Pompeji. CIL IV 1824. S.243-244.

114 Heraeus, Wilhelm: Silviae Vel Potius Aetheriae Peregrinatio Ad Loca Sancta. Offenbach a. M. Original ca. 381-384 n. Chr. ULAN Press o.J. S.1.

115 Ebd. S.10.

116 Bei CIL IV 1180 („L ISTACIDI AT QVEM NON CENO BARBARVS ILLE MIHI EST") allerdings kann das „ille" neben einer möglichen relativen Funktion auch der direkte Artikel von „barbarus" sein, wodurch ein früher und eindeutiger Beleg bereits auf das Jahr 79 n. Chr. fiele. CIL IV 1180 in: Hunink, Vincent: 1000 Graffiti aus Pompeji. S.252.

117 Hierzu: „Man [kann] im Vulgärlateinischen noch nicht von einem Artikel sprechen." Eierstock,

dafür liegen erst wieder fünf Jahrhunderte später in einem protoromanischen Graffito in Italien vor:

„non dicere ille secrita abboce"[118], mit protorom. *„ille"* < vlat. **illę* < klat. *illae* zu *„secrita"* aus klat. Akk.Pl.n. *sēcrēta*.

Ihre „verkürzte" Form, die die Artikel heute in den rom. Sprachen aufweisen, müssen sie zwischen dem 9. und 10. Jh. n. Chr.[119] bekommen haben, da aus dieser Zeit erstmalig einige Überlieferungen mit diesen Formen bekannt sind:

„ad illo botiliario frangant lo cabo"[120], wobei hier *„illo"* und > *„lo"* nebeneinander stehen und synchron gebraucht werden und der Nebentonvokalismus bereits den Endvokal verändert hat – im Gegensatz zu *„k' io indignamente lu accepi"*[121], wo noch klar klat. *illūm* > **illū* > *„lu"* zu erkennen ist. Hierbei ist anzumerken, dass das ehemalige Demonstrativum bereits seine deiktische Funktion verloren hat und bloße begleitende Form zur eigenen Basis geworden ist.

Einige daraus entstandene Kontraktionen sind in den Glosas emilianenses an Präpositionen belegt, haben aber bis heute nicht überlebt: *eno(s), ena(s)* < vlat. **ęn=(il)lǫ(s)*, **ęn=(il)-la(s)* sowie *cono*[122], **cona* < **cǫn=(il)lǫ*, **cǫn=(il)la*.

Das konservative Sardische (und seine Dialekte) hingegen besitzt als einzige rom. Sprache keine von *„ille"* abgeleiteten Artikel. Vielmehr benutzten die Sprecher des Lateinischen hier das Demonstrativpronomen *„ipse, ipsa, ipsūm"*[123], aus dem später die sard. Artikel hervorgehen sollten. Im „Itinerarium Egeriae" ist ein solcher Gebrauch durchgängig belegt: *„Cum ergo uenissemus ad portam ipsam, stans episcopus [...] et legit nobis ibi ipsas epistolas"*[124], wie auch in der Parodie des salischen Gesetztes: *„in ipsum pactum [...] pertractare debirent"*[125] – danach so erst wieder eindeutig im 15. Jh. n. Chr. durch sardinische Schriftsteller:

Johanna: Romanisierung und Vulgärlatein. S.18.

118 Euler, Wolfram: Vom Vulgärlatein zu den romanischen Einzelsprachen. S.76.

119 Kiesler spricht (nach Durante) schon vom 6.-7. Jh. n. Chr. – möglich wäre also eine Übergangsphase zu Einsilbern i.d.Z. von 600 bis 900 n. Chr. Für Kieslers Zeitangabe siehe: Kiesler, Reinhard: Einführung in die Problematik des Vulgärlateins. S.53.

120 Ebd. S.116.

121 Euler, Wolfram: Vom Vulgärlatein zu den romanischen Einzelsprachen. S.78.

122 Wörter entnom.: Kiesler, Reinhard: Einführung in die Problematik des Vulgärlateins. S.121.

123 Worin man einen möglichen Beweis dafür sehen kann, dass *ipse* ein in der Umgangssprache ehemals gängigeres Demonstrativpronomen als „Artikel" als *ille* war.

124 Heraeus, Wilhelm: Silviae Vel Potius Aetheriae Peregrinatio Ad Loca Sancta. S.22.

125 Ebd. S.116.

„sos ossos cum sas veinas"[126], mit sard. „sos" < vlat. *issǫs < klat. ipsōs und „sas" < vlat.

*issǫs[127] < klat. ipsās. Auch bei „ipse" entfiel im ausgehenden Vulgärlatein die eher „refle-
xive" Bedeutung des Pronomens zugunsten einer rein definiten.

Aus den protoromanischen und rom. Quellen lassen sich so schließlich die Usprungsfor-
men der jeweiligen definiten rom. Artikel ausmachen.

1. ille, illa

				Westromania			Ostromania	
Genus	Numerus	ille, illa	Sp.	Fr.	Pt.		It.	Ro.
m.	Sg.	ille, *illī[128]	-	li > -, le	-		il	-le
		illũm	el, lo	*lũ > lo > -	o		lu > lo	-
	Pl.	illī	-	li > -	-		li	-i
		illōs	los	-	os		-	-
f.	Sg.	illãm	la	la	a		la	-(u)a
	Pl.	illae	-	-	-		le	-le
		illās	las	-(?)[129]	as		-	-

2. ipse, ipsa

			Südromania
Genus	Numerus	ipse, ipsa	Sardisch
m.	Sg.	ipsũm	su[130]

126 Lingua sarda. In: Wikipedia. URL: https://it.wikipedia.org/wiki/Lingua_sarda. (Stand 14.12.
   2016)
127 Formen mit /ss/ < /ps/ belegt in Pompeji. Siehe: Hunink, Vincent: 1000 Graffiti aus Pompeji.
   CIL IV 1085, 1294, 1589, 8364, 8954.
128 „*Illī" als Nebenform zu ille nach: Kiesler, Reinhard: Einführung in die Problematik des Vulgärlateins. S.53.
129 Im Gegensatz zu Bouet (siehe für seine Artikelursprünge: Kiesler, Reinhard: Einführung in die
   Problematik des Vulgärlateins. S.52) erachte ich die fr. synkretistische Pluralform „les" als
   nicht zwingend von *illǫs und *illạs abstammend. Wenn das „lis" in „lis potionis" von der
   Endung der Basis beeinflusster Schreibung unterlegen haben soll und „les" bedeuten soll
   (siehe: ebd. S.116.), so zeugte dies doch von sehr labialer Art des Vokales (/les/ = /lis/). So kann
   auch Analogiebildung anhand der ehem. kons. Deklination in Betracht gezogen werden, da im
   Salischen Gesetz neben „lis" auch „duas uicis" mit /is/ = /es/ < vlat. *(una) βęcę belegt ist.
   Weitere Analogbildungen wären direktes (il)le + Obliquus Pl. -s zu anderen Obliqua oder Sg.
   *illī => *illī mit konstruiertem Pl. *illīs > *(il)lęs (siehe auch rom. Objektpronomen le aus
   Dat.Sg. illī > *illī > *(il)lę(?)). Ein Ursprung im Dativ (illīs) erscheint unwahrscheinlich.
130 Im Singular wird hier wieder der konservative Charakter des Sardischen deutlich, bei welchem

28

	Pl.	*ipsōs*	*sos*
f.	Sg.	*ipsām*	*sa*
	Pl.	*ipsās*	*sas*

Im Bereich der Demonstrativpronomen ist also der Einfluss des Vulgärlateins deutlich in der Artikelbildung zu erkennen, die die vormals deiktischen Funktionen der Pronomen zu rein bestimmenden umfunktionierte. Somit überwand das Vulgärlateinische die Schwierig- und Umständlichkeiten, welche das Klat. mit Determiniertheit hatte.

2.5.2.2 Indefinitartikel

Zum indefiniten Artikel entwickelte sich das klat. Zahlwort „*ūnus, ūna, ūnŭm*", welches parallel zu „*ille, illa, illud*" schließlich seine ursprüngliche Funktion als reine Kardinalzahl verlor und zum unbestimmten Artikel wurde. Frühe deutliche Nachweise finden sich so bspw. in der Parodie des Salischen Gesetzes, in der es heißt:

„*in ipsum pactum titulum unum [...] pertractare debirent*"[131], und das „*unum*" hier noch in klat. Form aufzeigt – die heutigen rom. Sprachen setzen alle die vlat. Weiterentwicklung **ųnŭ, *ųnā > *ųn(ǫ), *ųnǫ* fort.

Auf diese Weise ist auch hier der Einfluss des Vulgärlateinischen in der Bildung zusätzlicher indefiniter Artikel festzuhalten, sodass das Lateinische und seine rom. Nachfahren abschließend ausgehend von der Umgangssprache um eine neue syntaktische Kategorie erweitert wurden. Der Sprachwandel wirkte sich im Gegensatz zur Kasusreduktion also in deutlich positiver Weise aus, da den Sprechern des Vlat. nun eine regelmäßig anwendbare spezifiziertere Ausdrucksmöglichkeit zur Verfügung stand.

---

sich der vlat. Vokalismus nicht durchsetzen konnte: klat. *ipsŭ(m)* > vlat. **ęssŭ* > †**sǫ*, sondern **sų* > sard. *su*.

131 Kiesler, Reinhard: Einführung in die Problematik des Vulgärlateins. S.116.

2.6 Verbalmorphologie

Hat sich bisher die vlat. Nominalmorphologie mit ihren weitreichenden Veränderungen der lateinischen Sprache als relativ konsequent in ihren eindeutigen Vereinfachungsprozessen und Neuerungen gezeigt, so scheint sich die Verbalmorphologie auf den ersten Blick konservativer zu verhalten. Bei genauerem Einblick in ihre alltagssprachlichen Ausführungen fällt jedoch bei Betrachtung bis hin zu den romanischen Sprachen eine Komplexität auf, welche so einmalig in der lateinischen Sprache ist und das letzte mal zusammengefasst in den Entstehungsprozessen aus dem Urindogermanischen zu beobachten war.

2.6.1 Einfluss phonetischer Veränderungen

Ausgangspunkt für viele bedeutende Neuerungen des Vulgärlateins in der lat. Sprache finden ihren Auslöser in der sich ändernden Aussprache einzelner Laute, die so zu Umbildungen des Systems geführt haben.

2.6.1.1 Tenuis- und Nasalschwund

Eine der grundlegendsten Veränderungen war der Entfall des Endnasals /m/ und des Endtenuis /t/ in der Umgangssprache. Die hiervon betroffenen Personalendungen der 1.Ps.Sg. *-m* (im Indikativ Präsens (*esse*), Imp., Plusquamperf. und Futur sowie Konjunktiv Präsens, Imp., Perf. und Plusquamperf.) und 3.Ps. *-t* wurden folglich reduziert, sodass es zu Synkretismen mit anderen davon betroffenen Personen kam – so bspw. zu sehen in:

„ET EGO VOLEBA VT MEVS ESSET"[132], mit *„uolēbā"* ohne *-m*[133], welches ohne Kontext auch für *„uolēbat"* stehen könnte.

„OMNES HIC HABITAN"[134] für *„omnēs hic habitant"* zeigt hingegen bereits die Endung

---

132 Hunink, Vincent: 1000 Graffiti aus Pompeji. CIL IV 1877. S.251 f.
133 Anscheinend ersetzt das *„ego"* hier die fehlende Personalendung, da in *„esset"* /t/ noch steht. So kann von einem dem Sprecher bewussten Entfallvorgang die Rede sein, dessen Synkretismen wenn nötig versucht wurden, mit Personalpronomen ausgeglichen zu werden.
134 Hunink, Vincent: 1000 Graffiti aus Pompeji. CIL IV 8314a. S.54.

der 3.Ps.Pl. der meisten heutigen rom. Sprachen: *-n*.

Der italische Frikativentfall, der das stimmlose alveolare /s/ der 1.Ps.Pl. sowie 2.Ps. betraf, war ebenfalls Ausgangspunkt für die vlat. Endungen *-i̯*, *-mo̧* und *-tȩ* an diesen Stellen, wobei die Singularendung analog zur ehem. ī-Konjug.-Endung *-īs* > *-i̯* gebildet worden sein muss, da durch den hier erweiterten Synkretismus (vgl. Sg. *amo̧*, *ama̧*, *ama̧*; *ago̧*, *agȩ*, *agȩ*) eine Unterscheidung zwischen 2. und 3.Ps.Sg. zwingend notwendig war.

Weitreichende Folgen hatte dieser Vorgang aber nicht nur für die sichere Erkennung der Person, sondern auch für das Erneuern einzelner Personalendungen: so wurde bspw. klat. 3.Ps.Sg. Ind.Perf.a. *amāuit* über vlat. *amą́u̯t*[135] zu *amą́u̯* und schließlich zu *amǫ́* (vgl. it. *amò*, sp. *amó*).

2.6.1.2 Vulgärlateinischer Vokalismus

Die Auswirkungen des vlat. Vokalismus waren im Gegensatz zur Nominalmorphologie in der Konjugation massiv. Als umfangreichstes Resultat kann dabei die Reduzierung der Konjugationsklassen an sich angesehen werden – betrachtet man dabei exemplarisch die 3.Ps.Sg., wird dieser Vorgang deutlich: klat. *dīcit* > vlat. *dịcȩ(t)*[136]; klat. *cōgnōscit* > vlat. *cọgnọscȩ(t)*, womit die vlat. Präsensformen der kons. Konjugation denen der ē-Konjugation glichen und die kons. und ī-Konjugation schließlich in jener aufgingen. Daneben überlebten ā- sowie ī-Konjugation weitestgehend morphologisch unbetroffen vom vlat. Vokalismus, woraus sich i.d.R. das drei-Konjugationsklassen-System der rom. Sprachen ergab. Gleichzeitig wird hier ein weiterer Synkretismus ersichtig: klat. Präsens *dūcit* > vlat. *dụcȩ(t)*, klat. (ē-)Futur *dūcet* > vlat. *dụcȩ(t)*, womit das klat. ē-Futur nun den Präsensparadigmen der ehem. kons. sowie ī-Konjugation gleich war und nicht mehr eindeutig bestimmt werden konnte. Daher verlor das Tempuszeichen -ē- seine funktionale Bedeutung und das ehem. ē-Futur musste somit im Vulgärlatein durch eine Neubildung ersetzt werden (siehe dazu 2.6.2.4).

---

135 *-ą́u̯t* belegt in CIL VI 32695, 24481, 33983, CIL III 12700. Nach: Euler, Wolfram: Vom Vulgärlatein zu den romanischen Einzelsprachen. S.41.

136 „Dicet" für *dīcit* belegt in P. Mich. VIII 471 = ChLA XLII 1120. Kramer, Johannes: Vulgärlateinische Alltagsdokumente. S.65; mehr auch in: Hunink, Vincent: 1000 Graffiti aus Pompeji sowie Weeber, Karl-Wilhelm: Decius war hier...

Weiterhin schwand auch das Dehnungsperfekt in der Alltagssprache, man vgl. dazu klat. Präsens *uĕnit* > vlat. **βęnę(t)* mit klat. Perf. *uēnit* > vlat. **βęnę(t)*, wodurch alternative Perfektbildungen genutzt wurden (siehe 2.6.2.2).

2.6.1.3 Betazismus

Der vlat. Betazismus (siehe 2.3) wirkte sich nicht auf Personalendungen aus, sondern war vielmehr wie die Synkretismen durch den vlat. Vokalismus Grund zur Erzeugung ganzer neuer Tempusbildungen. Betrachtet man dazu im Vergleich klat. *amābit* und *amāuit* und > vlat. **amąβę(t)* und **amąβę(t)*, so wird das Ausmaß der Synkretismen zumindest im b-Futur und „v"-Perfekt durch ein alltagssprachlich gleichlautendes Tempuszeichen deutlich. Um diesem zu entgegnen, schufen die Sprecher des Vulgärlateins neue, analytische Tempora unter Aufgabe der alten, was schließlich direkt zur Neubildung führt.

2.6.2 Reduktion und Neubildung

Die im Vulgärlatein eingetretene Tempusreduktion führte über eine erhebliche Neubildung zu einer Rekomplexisierung des lat. Verbalsystems, die sich mit ihren funktionalen und morphologischen Innovationen nun stark vom klassischen Latein unterschied.

2.6.2.1 Imperfekt

Während die Präsenskonjugation in der Alltagssprache konservativ blieb, verdrängten der Synkretismus zwischen „v"-Perfekt und b-Futur einerseits sowie kons., ī-Konjug. > ē-Konjugation und ē-Futur andererseits das Futur I völlig, während die „v"-Perfekt-Stämme ebenfalls um ihr /u/ reduziert wurden (vgl. rom. a-Konjug.). Dies führte dazu, dass das Imperfekt als einziges (v)lat. Tempus (Aspekt) ohne weitere Überschneidungen das Tempuszeichen **β* behalten durfte, und daher in den meisten rom. Sprachen auch dadurch noch gekennzeichnet ist (vgl. 3.Ps.Sg. it. *amava*, sp. *amaba*, pt. *amava* < vlat. **amąβą(t)*).

Die ē- und ī-Konjug. bildeten in der Westromania das Imperfekt hingegen nicht mit dem alten Tempuszeichen (wrom. †**escrįβeβą(t)*), sondern analytisch[137] (**escrį(p)tũ (h)ąβéβą(t)*[138]). Später wurde dieses analytische Imperfekt (bzw. eigentlich Plusquamperfekt) wieder resynthetisiert:

ę-Konjug.: wrom. **escrįβį̨ą* < **escrį(p)tũ ąįą* < **escrį(p)tũ (h)ąβéβą(t)*

į-Konjug.: wrom. **βęnįą* < **βęnįtũ ąįą* < **βęnįtũ (h)ąβéβą(t)*

2.6.2.2 Perfekt

Das Perfekt ging im Vulgärlateinischen einen gesonderten Weg – während es in der ā-Konjugation seine alte synthetische Form unter Verlust des Stamm-/u/ behielt[139] und in ē- und ī-Konjug. an einem vereinfachten Stamm[140] gebildet wurde, wurde es zunehmend von einer analytischen Konstruktion aus *habēre*[141] (tr.)/ *esse* (intr.) + PPP ersetzt (vgl. rom. Perfekt), welche der lat. Sprache bereits vorher bekannt war[142]. Hierbei wurde diese jedoch noch unter „voller Eigenbedeutung beider [*habēre* und PPP] Bestandteile"[143] genutzt; erst in der Umgangssprache wurde sie langsam zu einer reinen Periphrase[144]. Das synthetische Perfekt behielt dabei seine klat. ererbte Aoristfunktion, während die neue analytische Konstruktion später eine aspektuelle Form übernahm (gleich der resultativen Funktion des dt.

---

137 Ausgehend vom Plusquamperfekt.

138 Imp. „*habēbat*" als Ausgangspunkt für **-įą* nach: Kiesler, Reinhard: Einführung in die Problematik des Vulgärlateins. S.59 und Eierstock, Johanna: Romanisierung und Vulgärlatein. 3.1.2.1. und 3.2.2.2. Objektiv wäre auch Präsens *hábeat* > vlat. **(h)áβįą* denkbar, jedoch liegt der Akzent hier auf der ersten Silbe, sodass sich daraus kein **-įą* hätte entwickeln können.

139 Bedingt durch die Einfachheit (i.d. Bildung) des (ehem.) „v"-Perfektes, vgl. „*habitarunt*" < klat. *habitāuērunt*. Weeber, Karl-Wilhelm: Decius war hier... CIL IV 2421. S.143.

140 „Vereinfachter Stamm" meint hier: i.d. Westromania wurde der Präsensstamm beibehalten (da die ī-Konjug. ohnehin größtenteils ein „v"-Perfekt besaß), in der Ostromania ein „Mischstamm" aus jeweils personenabhängigem klat. Perfekt- und Präsensstamm gebildet.

141 Frühere mit *coepisse* gebildete Tempora (z.B. „*flere coepit ubertim*") zeigen ebenfalls den vlat. Drang zur Analytisierung. Siehe: Petron: Cena Trimalchionis. Kap. 57,7, 59,1, 61,6 , 72,1.

142 So bspw. bei Plautus (Pseud. 602): „*Illaec omnia missa habeo, quae ante agere occepi*". Euler, Wolfram: Vom Vulgärlatein zu den romanischen Einzelsprachen. S.17. Siehe zu Perfektentwicklung auch: Kiesler, Reinhard: Einführung in die Problematik des Vulgärlateins. S.56-59 sowie Eierstock, Johanna: Romanisierung und Vulgärlatein. 3.1.2.1 und Euler, Wolfram: Vom Vulgärlatein zu den romanischen Einzelsprachen. S.17, 22-23.

143 Kiesler, Reinhard: Einführung in die Problematik des Vulgärlateins. S.58.

144 Vgl. ebd.

Perfektes). So ergibt sich (folgende exempl. Verben in 1.Ps.Sg.):

ạ-Konjug.: klat. *laudāuī* > vlat. synthetisch **lọdái̦*, analytisch **(h)ạβiọ lọdạtü*
> it. *lodai*, sp. *laudé*; it. *ho lodato*, sp. *he laudado*

ẹ-Konjug.: klat. *scrīpsī* > vlat. synthetisch **ẹscrịssi̦*, analytisch **(h)ạβiọ ẹscri̦(p)tü*
> it. *scrissi*, sp. *escribí*; it. *ho scritto*, sp. *he escrito*

i̦-Konjug.: klat. *uēnī* > vlat. synthetisch **βẹni̦*, analytisch **sü βẹni̦tü/ βẹnu̦tü*[145]
> it. *venni*, sp. *vine*; it. *sono venuto*, sp. *he venido*

2.6.2.3 Plusquamperfekt

Das synthetische Plusquamperfekt überlebte das Vulgärlateinische in seiner klat. Form nicht – anhand der vlat. Perfektbildung wurde es ebenfalls durch eine analytische Konstruktion aus Imp. *habēre/ esse* + PPP ersetzt; vgl. dazu z.B. (in der 3.Ps.Sg.):

klat. *cantāuerat* => vlat. **(h)ạβẹβạ(t) cạntạtü* (vgl. it. *aveva cantato*, sp. *había cantado*) oder klat. *uolāuerat* => vlat. **ẹrạ(t) βọlạtü* (vgl. it. *aveva volato*[146], sp. *había volado*).

Neben dem auf Basis des Imperfekts gebildeten vlat. Plusquamperfekts wurde auch eine neue analytische Form aus *habuisse/ fuisse* + PPP zusammengesetzt, die als sog. „Vorprä-teritum"[147] abgeschlossene Handlungen beschrieb, welche unmittelbar vor einer darauf-folgenden lagen (diese dann im Perfekt), z.B. (folgende Beispiele in der 3.Ps.Sg.):

vlat. **(h)ạβu̦ẹ(t) lạβạtü* > it. *ebbe lavato*, sp. *hubo lavado*; **fu̦ẹ(t) ạmbọlạtü* > it. *fu andato* bzw. *ebbe ambiato*, sp. *hubo amblado*.

Dieses Tempus ist in den heutigen rom. Sprachen als „hist. Plusquamperfekt" bekannt.

2.6.2.4 Futur

Da durch die Synkretismen mit anderen Tempora (v-Perfekt und b-Futur einerseits sowie

---

145 Das vlat. PPP der ẹ- und i̦-Konjug. endete in der Westromania auf **-itü*, in der Ostromania auf **-utü*. Dazu: Kiesler, Reinhard: Einführung in die Problematik des Vulgärlateins. S.58.
146 Eigentlich zu erwarten intr. *„era volato"* wie intr. *era andato* < vlat. **ẹrạ(t) ạndạtü*.
147 Nach: Kiesler, Reinhard: Einführung in die Problematik des Vulgärlateins. S.59.

kons., ĭ-Konjug. > ē-Konjugation und ē-Futur andererseits) das Futur I (so auch II) in der Alltagssprache aufgegeben wurde, wurden schon früh analytische Ersatzbildungen genutzt, um das vlat. Futur auszudrücken[148]. So belegt Augustinus von Hippo als einer der ersten die vlat. Futurperiphrase:

„Petant aut non petant, venire habet"[149], welche durch den Infinitiv + *habēre* gebildet wurde. Gleich dem resynthetisierten Perfekt verschmolz das Auxiliar schließlich durch Kontraktion mit dem finiten Verb[150], so bspw. (3.Ps.Sg.):

vlat. **βenịrẹ (h)aβẹ(t) > *βenịr(ẹ)=áβẹ(t)* > it. *verrà*, sp. *vendrá*, fr. *viendra*, pt. *virá*.

Daneben existierte noch eine sekundäre Futurbildung mit *īre* (ersetzt durch *uādere*) + *ad* + Infinitiv, so bspw. (in 3.Ps.Sg.):

vlat. †**ẹ(t) => *βadẹ(t) a(d) βenịrẹ* > sp. *va a venir*, fr. *il vais venir*.

2.6.2.5 Passiv

Das lat. Passiv erfuhr durch die Umgangssprache eine wesentliche Umgestaltung: die vormals synthetischen Passivformen des Präsens, Imperfektes und Futur I wurden analog zu den Passivformen des Perfektes, Plqua. und Futur II analytisch gebildet[151]. Ausschlaggebend dafür waren die Hilfsverben der klat. analytischen Passivbildung, die durch ihre dem Sprecher wohl zunehmend präsentisch erscheinenden Formen von *esse* durch Zeitformen des Auxiliars ersetzt wurden, welche dem eigentlichen Tempus entsprachen. Hierdurch wurden die Tempusformen der ehemaligen Hilfsverben frei, welche sodann auf die ursprünglich synthetische Passivbildung übertragen wurden. Daraus ergibt sich folgendes Entwicklungsschema (in der 3.Ps.Sg. gehalten; vor dem Querstrich die orom. (hier die ital(ien)ische) Variante, dahinter die wrom.; das PPP steht unabhängig davon zu Beginn):

---

148 Siehe dazu: Ebd. S.59 sowie Euler, Wolfram: Vom Vulgärlatein zu den romanischen Einzelsprachen. S.21, 36-37, 43-44.

149 Weikopf: Romanische Sprachen – Grammatik. URL: http://www.weikopf.de/index.php?article_id=116 (Stand 31.12.2016).

150 Vgl. auch Entstehung des dt. Dentalpräteritums durch Kontraktion von „tun" und finitem Verb bzw. Substantiv, so z.B. potogermanisch **solpá dʰédʰōm* „ich versah mit Salbe" > dt. salb-te. Rekonstruktion und näheres dazu: Euler, Wolfram und Badenheuer, Konrad: Sprache und Herkunft der Germanen. Abriss des Protogermanischen vor der ersten Lautverschiebung. Hamburg/London. Verlag Inspiration Un Limited 2009. S.174-176.

151 Siehe für analytisches Passiv: Kiesler, Reinhard: Einführung in die Problematik des Vulgärlateins. S.57.

Präs.: klat. *amātur* => vlat. **ạmạtũ ẹs(t)*
> it. *è amato*, sp. *es amado*, fr. *est aimé*

Imp.: klat. *amābātur* => vlat. **ạmạtũ ẹrạ(t)*
> it. *era amato*, sp. *era amado*, fr. *était aimé*

Fut. I: klat. *amābitur* => vlat. **ạmạtũ ẹrẹ(t)* => **ạmạtũ ẹssẹrẹ (h)ạβẹ(t)*
> it. *sarà amato*, sp. *será amado*, fr. *sera aimé*

Perf.: klat. *amātus est* => vlat. **ạmạtũ fụẹ(t)*, **ạmạtũ stạtũ ẹs(t)/ (ẹs)sịtũ (h)ạβẹ(t)*
> it. *fu amato/ è stato amato*, sp. *fue amado/ ha sido ama-*
do, fr. *fut aimé/ a été aimé*

Vprät.: klat. Ø vlat. **ạmạtũ stạtũ fụẹ(t)/ (ẹs)sitũ (h)ạβụẹ(t)*
> it. *fu stato amato*, sp. *hube sido amado*, fr. *eut été aimé*

Plqua.: klat. *amātus erat* => vlat. **ạmạtũ fụẹrạ(t)* => **ạmạtũ stạtũ ẹrạ(t)/ (ẹs)sịtũ*
(h)ạβẹβạ(t)
> it. *era stato amato*, sp. *había sido amado*, fr. *avait été*
aimé

Fut. II: klat. *amātus erit* => vlat. **ạmạtũ fụẹrẹ(t)* => **ạmạtũ stạtũ ẹssẹrẹ (h)ạ-*
βẹ(t)/ (ẹs)sịtũ (h)ạβẹrẹ (h)ạ-
βẹ(t)
> it. *sarà stato amato*, sp. *habrá sido amado*, fr. *aura été aimé*

2.6.2.6 Romanischer Konditional

Der klat. Konjunktiv starb i.d.R. morphologisch im Imperfekt und Perfekt[152] aus, lediglich
Präsens (z.B. vlat. **cạntẹ(t)* > it. *canti*, sp. *cante*, fr. *chante*, ro. *să cânte*) sowie Plusquamperfekt (z.B. vlat. **cạntạssẹ(t)* > it. *cantasse*, sp. *cantase*, afr. *chantast*, ro. *cântase*) überlebten. In den übrigen Tempora wurde der klat. Konjunktiv nun analytisch gebildet und
gliederte sich in Subjunktiv (orom. Konj.) und Konditional auf, deren Formen in den jw.

---

152 Im Sardischen wurde der Konj. Imp. bewahrt (bspw. *canteret* < vlat. **cạntạrẹ(t)*), möglich
wäre jedoch aufgrund des in allen Konjug.klassen gleich lautenden Markers (-er-) einerseits
Übernahme des Konj. Imp. der ẹ-Konjug., andererseits eine Resynthetisierung von PPP/ Infinitiv + Konj. Imp. von *habēre*, bspw. sard. *canteret* < vlat. **cạntạtũ (h)ạβẹrẹ(t)*. Das Spanische
übernahm ebenfalls als einzige rom. Sprache den Konj. Perfekt. Für sp. Konj. Perf. siehe:
Kiesler, Reinhard: Einführung in die Problematik des Vulgärlateins. S.59.

Einzelsprachen alle unterschiedliche vlat. Ursprungsformen haben, weshalb hier nur die zwei vlat. Formen des eigentlichen vlat. Konditionals aufgeführt werden (Beispiele in der 3.Ps.Sg.):

wrom. Kond.I[153]:	vlat. *laβarę (h)aβeβa(t) > sp. lavaría, fr. laverait, pt. lavaria
wrom. Kond.II:	vlat. *laβatũ (h)aβęrę (h)aβeβa(t) > sp. habría lavado, fr.aurait lavé
orom. Kond.I:	vlat. *laβarę (h)aβuę(t) > it. laverebbe
orom. Kond.II:	vlat. *laβatũ (h)aβęrę (h)aβuę(t) > it. avrebbe lavato

Der neue vlat. Konditional übernahm so die Funktion des ehem. klat. Konj. Imp. und Plusquamperfekt, der Subjunktiv führte weitestgehend den klat. Konjunktiv weiter.

2.6.2.7 Vulgärlateinische Aspekte

Neben der Neubildung und -gliederung der Tempora schuf das Vulgärlatein auch in der lateinischen Sprache bis dato unbekannte periphrastische, progressive Aspekte[154], die wie die Artikelbildung auf altgriechischen Einfluss zurückzuführen sind[155]. Für die Bildung dieser Verlaufsformen wurden als Hilfsverben ursprünglich vlat. *ęssęrę, später *īstāre > *ęstąrę genutzt. Das finite Verb war anfangs ein PPA, welches in der Umgangssprache jedoch schließlich von einer nd-Form verdrängt wurde[156], so bspw. (in der 3.Ps.Sg.):

vlat. *ęs(t) ąmã(n)s => *ęs(t) ąmąndũ, *ęstá(t) ąmąndũ > it. sta amando, sp. está amando,

afr. est aimant

vlat. *ęrą(t) ąmã(n)s => *ęrą(t) ąmąndũ, *ęstaβą(t) ąmąndũ > it. stava amando, sp. estaba

amando

vlat. *(h)aβę(t) ęstątũ ąmã(n)s => *(h)aβę(t) ęstątũ ąmąndũ > sp. ha estado amando

vlat. *ęssęrę (h)aβę(t) ąmã(n)s => *ęssęrę (h)aβę(t) ąmąndũ, *ęstąrę (h)aβę(t) ąmąndũ >

153 Siehe für wrom. Konj. auch: Kiesler, Reinhard: Einführung in die Problematik des Vulgärlateins. S.59, 79, 80 sowie Eierstock, Johanna: Romanisierung und Vulgärlatein. 3.2.2.2.
154 Vgl. Eierstock, Johanna: Romanisierung und Vulgärlatein. 3.2.2.3; auch dazu: Kiesler, Reinhard: Einführung in die Problematik des Vulgärlateins. S.60-61.
155 Besonders durch die Übersetzung der Bibel wurden viele agr. Verbfunktionen in die lat. Sprache übernommen. Vgl. Kiesler, Reinhard: Einführung in die Problematik des Vulgärlateins. S.60.
156 Belegt bspw. in P. Mich. VIII 471 = ChLA XLII 1120: „exiendo dico illi". Kramer, Johannes: Vulgärlateinische Alltagsdokumente. S.65.

it. *starà amando*, sp. *estará amando*

Überblickt man so abschließend die gesamte vlat. Verbalmorphologie mit ihren massiven Veränderungen in der lat. Grammatik, so kann man die im Allgemeinen durch die Folgen der vlat. Lautänderungen gebildeten analytischen Tempora und Genera uerborum als größte „Innovation" der Umgangssprache sehen, welche das ursprüngliche klat. Verbalsystem ersetzte und die lat. Sprache und die sich aus ihr entwickelt habenden rom. Sprachen prägte. Weiterhin kann auch die vlat. Aufspaltung des Konjunktives in Subjunktiv und Konditional als eminente Entwicklung gelten, die der lat. Sprache und den späteren rom. Sprachen neue Modi mit im Gegensatz zum klassischen Latein spezifizierteren Funktionen schuf.

2.7 Syntax und Satzkonstruktionen

2.7.1 Syntax

Die im klassischen Latein noch sehr freie Satzstellung[157], bedingt durch die morphologische Komplexität der lat. Worte, wich im Vulgärlatein durch die starken morph. Reduktionsprozesse einer sich zunehmend versteifenden Satzordnung. In der Hochsprache mögliche Satzbauten wie bspw. *„Claudius* (S) *in forō cũm senātōre loquẽns auunculũm* (O) *potentī senātũs uĩdit* (P) *suũm* (O-Attribut)" wurden folglich im Vlat. einer SPO-Stellung angepasst. Gleichzeitig mussten Attribute unmittelbar hinter bzw. vor ihrem Bezugswort stehen, um zweifelsfrei zugeordnet zu werden[158]: *„ *Fạβ(ọ)lạndũ/ pạrạβ(ọ)lạndũ cọn sẹnạtọrẽ pọtẹntẽ dẹ sẹnạtũ Clọdịọs* (S) *(h)ạβẹ(t) βịstũ* (P) *sụũ thịũ* (O) *ẹn fọrũ"* > it. *„Parlando col senatore potente del senato Claudio ha visto il suo zio nel foro"*, sp. *„Hablando con el senador poderoso del senado Claudio ha visto su tío en el foro"*.

---

157 In der Prosa überwog übergeordnet idg. SOP, sonst waren jedoch auch SPO, OSP, OPS, PSO, POS möglich. In Inschriften und vlat. Texten herrschte aber schon in klassischer Zeit eine SPO-Stellung vor. Vgl. Zählung in Kiesler, Reinhard: Einführung in die Problematik des Vulgärlateins. S.67-68, weiterhin Eierstock, Johanna: Romanisierung und Vulgärlatein. 3.2.3.

158 Im folgenden Bsp. wurden klat. *loquī* durch vlat. **fābulāre* sowie klat. *auunculus* durch agr. *theĩos* > vlat. **thīũ(ṃ)* ersetzt. Agr. Einfluss nach: Kiesler, Reinhard: Einführung in die Problematik des Vulgärlateins. S.91.

In der Syntax kommen also die Ergebnisse aller bisherigen vlat. Neuerungen zusammen: die nominalmorphologischen Vereinfachungen zwangen die freie Satzstellung in eine statische Form, um Subjekt und Objekt sowie ihre etwaigen Attribute eindeutig bestimmen zu können. Zugleich komplexisierte das vlat. Verbalsystem den Satz durch längere Verbalperiphrasen.

2.7.2 Konstruktionen

Die vlat. Kasusreduktion war auch das Ende der Satz- und Partizipialkonstruktionen in der lat. Sprache, welche in ihrer weiteren Entwicklung zu den romanischen Sprachen keine aktive Rolle mehr spielten. Der vlat. Akkusativ ersetzte so als Casus generalis (siehe dazu auch 2.4.2.1) den Ablativ im Ablativus absolutus, bspw. in:

„Emeram aute illuc con culcitam et pulbino, et me iacentem in liburna sublata mi sunt.“[159] für klat. *„et mē iacente in liburnā sublāta mihi sunt.“*. Hierdurch wurde in der Umgangssprache zunehmend auf Konjunktionen zurückgegriffen, um jene temporalen Konstruktionen zu ersetzten: funktional gleichzeitiges vlat. **mẹ iạcẹntẽ* wurde so durch **dũ (h)aβịọ iạcịtũ* wiedergegeben[160], vorzeitiges klat. *mē amātō >* vlat. **mẹ ạmạtũ* durch **dẹ (ẹs) pọs(t) ạmạtũ fụẹrã => *ạmạtũ stạtũ ẹrã/ (ẹs)sịtũ (h)ạβẹββã.*

Auch der klat. AcI wurde im Alltag immer mehr durch Konjunktionen verdrängt[161] – hierbei übernahmen *quod* und *quia*, später auch *quid* in kompletiver Funktion die Rolle der ehemaligen klat. Satzkonstruktion[162]:

„equidem scio iam, filius quod amet meus istanc meretricem“[163] für klat. *„equidẽm sciō iãm filiũm meũm istanc meretrīcẽm amāre“*; bei Petron: *„et dixi quia mustella comedit“*[164] anstatt klat. *„et dīxī mūstēlãm [hãs: carduēlēs] comēdisse“ >* it. *dicei che,* sp. *dije que,* fr. *dit que,* pt. *disse que,* ro. *zisei cã.*

Das Vulgärlateinische war also im Bereich der Konstruktionen ausschlaggebend für die

---

159 Schriftliche Quellen des Vulgärlateins. In: Welt der Sprache. URL: http://www.weikopf.de/
index.php?article_id=243 (Stand 04.01.2017).
160 Ein weiteres Bsp. bei Petron: Cena Trimalchionis. Kap. 41,6.
161 Wohl durch agr. Einfluss durch „ὅτι“. Siehe dazu: Kiesler, Reinhard: Einführung in die Problematik des Vulgärlateins. S.73.
162 Vgl. Kiesler, Reinhard: Einführung in die Problematik des Vulgärlateins. S.73.
163 Ebd.
164 Petron: Cena Trimalchionis. Kap. 46,4.

allgemeine Nutzung von Konjunktionen der späteren rom. Sprachen, welche die Funktionen der ursprünglichen klat. Satz- sowie Partizipialkonstruktionen übernahmen und sie untergehen ließen[165].

2.8 Wortneubildungen

Ein großer Einfluss des Vulgärlateinischen auf die weitere Entwicklung der lat. Sprache kann ferner auch in der Wortneubildung gesehen werden, die viele klat. Ausdrücke aussterben ließ und durch vlat. Äquivalente ersetzte, sodass der Wortschatz der heutigen rom. Sprachen zwar größtenteils lateinisch ist, indes jedoch zu großem Teil vulgärlateinisch.

Wichtig und oftmals vergessen ist dabei die Schaffung einfacher Zustimmungs- sowie Ablehungspartikel, die es im klassischen Latein so nicht gab. Hier musste durch Wiederholung des Verbes immer handlungsbezogen, vgl. z.B. einfaches „*»Uī(s)ne uīnŭm?«* *»Nōlō (uīnŭm)«*" bzw. durch periphrastische Bekräftigung „*ita est*" (dt. „so ist es") oder Ablehung „*nōn ita est*" (dt. „so ist es nicht") geantwortet werden. Im Vulgärlatein wurde das Adverb klat. *sīc* > vlat. **sị(c)* mit der Bedeutung „so" dann als Partikel für die Zustimmung benutzt (vgl. it. *sì*, sp. *sí*, apt. *si*), **nọ* für die einfache Ablehung (vgl. it. *no*, sp. *no*, fr. *no*, ro. *nu*).

Weiterhin fielen das klat. Fragepronomen *cūr* und die kausalen Konjunktionen *quia*, *quod* in vlat. **per quēṃ* > **pẹrquẹ́* zusammen: > it. *perché*, sp. *por qué* und *porque*, fr. *pourquoi* und *piusque*, pt. *por( )que* (alle dt. „warum, weil").

Im Bereich der Substantive ersetzte bspw. vlat. **plạṭịã* > it. *piazza*, sp. *plaza*, fr. *pace*, ro. *piaţă* aus klat. *platēã(m)*[166] (dt. „Gasse, Straße, Weg") klat. *locus* in seiner Bedeutung „Platz". Auf diese Weise starben z.B. auch klat. *mās* (dt. „Mann") und *uir* („ds.") aus (klat. *marẽ(m)* > vlat. **mạrẽ* > rom. †**mare* ≠ rom. *mare* < klat. *mare* (dt. „Meer"); klat. *uirŭ(m)* > vlat. **βẹrŭ* > rom. †**vero*) und wurden durch vlat. **(h)ọm(ẹ)nẽ* (dt. „Mann, Mensch") < klat. *hominẽ(m)* („ds.") ausgewechselt, vgl. it. *uomo*, asp. *omne*, fr. *homme*, ro. *om*.

Die Entsprechung der klat. Konjunktion *postquãm* lautete im Vlat. **dẹ (ẹs) pọs(t)* aus **dē*

---

165 Nur in wenigen it. Dialekten überlebte ein Relikt-AcI das Vulgärlateinische. Dazu: Kiesler, Reinhard: Einführung in die Problematik des Vulgärlateins. S.74.
166 Das ohnehin schon von agr. πλατεῖα übernommen worden war.

ex post, vgl. it. *dopo*, sp. *después (de)*, pt. *depois de*, ro. *după ce*.

Bei den Verben gab es Neubildungen von Begriffen auf Basis üblicher Substantive, z.B.:
klat. *necessitās* (dt. „Notwendigkeit") => vlat. **nẹcẹssịtạrẹ*[167], vgl. it. *necessitare*, sp. *necesitar*, pt. *necessitar (de)*.

2.9 Rekonstruktionen

Im Folgenden werden lateinische Zitate und Sprüche angegeben, welche ich im Vulgärlateinischen rekonstruiert habe. Hierbei können die in den Kapiteln erläuterten vlat. Umformungen im Zusammenspiel beobachtet und die Sprachform selbst lebhaft demonstriert werden. Darunter stehen auch immer einige rom. Entsprechungen zum direkten Vergleich der drei Sprachstufen.

2.9.1 Vaterunser

Klassisches Latein:

Pater noster, qui es in caelīs:

sanctificētur nōmen tuŭm.

Adueniat regnŭm tuŭm.

Fīat uoluntās tua, sīcut in caelō, et in terrā.

Pānĕm nostrŭm cotidianŭm dā nōbīs hodiē.

Et dīmitte nōbīs dēbita nostra,

sīcut et nōs dīmittimus dēbitōribus nostrīs.

Et ne nōs indūcās in tentātiōnĕm,

sed lībarā nōs ā malō.

(Quia tuŭm est regnŭm et potestās et glōria in saecula.)

Vulgärlatein (ca. 3.-4. Jh. n. Chr.):

*Pạtrẽ nọstrŭ quẹ ẹs ẹn cẹlọs:

nọm(ẹ)nẽ tụŭ (ẹs)sịạ(t) sạnctịfịcạtŭ.

Ạ(d)βẹnịạ(t) rẹgnŭ tụŭ.

Fạctŭ (ẹs)sịạ(t) βọlọntạtẽ tụã,

quọ́mọdọ ẹn cẹlŭ sị(c) ẹn tẹrrã.

Dạ ạ(d) nọs (h)ọdịẹ pạnẽ nọstrŭ cọtịdịạnŭ.

Ẹ(t) dịmẹttẹ=nọs dẹβẹtọs nọstrọs,

sị(c) quọ́mọdọ nọs=dịmẹ́ttẹmọs dẹ dẹβẹtọrẹs nọstrọs.

Ẹ(t) nọ(n) nọs=ẹndúcạs ẹn tẹntạtịọnẽ,

---

167 Klat. *ī* > vlat. **ị* durch vlat. Betonung (ohne vlat. Vokalismus und Konsonantismus): [nɛ.kɛ.'s:i:.ta:s] (klat. [nɛ.'kɛ.s:i.ta:s]).

41

Āmēn.

męgęs lī́βęrą=nǫs dę mąlū.

(Pęrqué̜ tųū ęs(t) ręgnū, ę(t) pǫtęnt̬ią̃,

ę(t) glǫri̯ą̃ ęn ętęrnū.)

Ạmęn.

Italienisch:

Padre nostro che sei nei cieli,

santificato sia il nome tuo.

Venga il regno tuo.

Sia fatta la volontà tua

come in cielo, così in terra.

Dacci oggi il nostro pane quotidiano.

E rimetti a noi i nostri debiti,

siccome noi li rimettiamo ai nostri debitori.

E non ci indurre in tentazione,

ma liberaci dal male.

(Perciocché a te appartengono il regno,

e la potenza, e la gloria

in eterno.)

Amen.

Spanisch:

Padre nuestro, que estás en el cielo,

santificado sea tu nombre.

Venga tu reino.

Hágase tu voluntad en la tierra

como en el cielo.

Danos hoy nuestro pan de cada día.

Perdona nuestras ofensas,

como también nosotros perdonamos

a los que nos ofenden.

No nos dejes caer en tentación,

y líbranos del mal.

(Porque tuyo es el reino, y el poder,

y la gloria,

por todos los siglos.)

Amén.

2.9.2 Zitate

• Ālea iacta est. (Caesar) — *Dạdū sę=i̯actáу̯(t)/ i̯actạtū fу̯ę(t).

it. Il dado fu trattato., sp. Se echó el dado.

• Cōgitō ergō sŭm.

(Descartes) — *Pę̃(ŋ)sǫ (ą(d)) dū͜ ū̃mquą̃/ ą(d) ęllą̃ (h)ǫrą̃ sū.

it. Penso dunque/ allora sono., fr. Je pense, donc/ alors je *suis.*

- *Crās legãm.* (Caesar)   – **Crəs/ de manẽ legere (h)aβio.*

     it. *Domani leggerò.*, sp. *Mañana leeré.*, fr. *Demain lirai.*

- *Gallia est omnis dĩuīsa in*
    partēs trēs […]. (Caesar)   – **Totã Gallia es(t) diβisã/ se=dị́βede(t) en tres partes [...].*

     it. *La Gallia è in totale divisa in tre parti […].*, sp. *Toda la Galia se divide en tres partes […].*

- *In uīnō uēritās.* (Alkaios)   – **En βinũ es(t) (ellã) βeretatẽ.*

     it. *Nel vino è la verità.*, sp. *En el vino está la verdad.*, sard. *In su binu est sa beridade.*

- *Libenter hominēs id quod*
    uolunt crēdunt. (Caesar)   – **Cũ placere (h)om(e)nes ellũ credon(t) quo(d) βolen(t).*

     it. *Con piacere gli uomini credono in ciò che vogliono.*, sp. *Los hombres creen con gusto lo que desean.*

- *Lupus est homō hominī.*
    (Plautus)   – **(H)om(e)nẽ es(t) lopũ per (h)om(e)nẽ.*

     it. *L'uomo è lupo per l'altro uomo.*, sp. *El hombre es un lobo para el hombre.*

- *Manus manŭm lauat.*
    (nach Seneca)   – **Unã manũ laβa(t) (ellã) altrã manũ.*

     it. *Una mano lava l'altra mano.*, sp. *Una mano lava la otra mano.*, fr. *Une main lave l'autre main.*

- *Nōn uītae, sed scholae dīs-*
    cimus. (Seneca)   – **No(n) estudiamos/ apprendemos per βitã mages per eschọlã.*

     it. *Non impariamo/ studiamo per la vita, ma per la scuola.*,

43

sp. *No aprendemos para la vida, sino para la escuela.*,
fr. *Nous n'apprenons pas pour la vie, mais pour l'école.*

- *Uēnī, uīdī, uīcī.* (Caesar)   – **Sū βęnįtū, (h)ąβįǫ βįstū, (h)ąβįǫ βęnctū.* bzw. **Bęnį, βįdį, βęncį.*

it. *Venni, vidi, vinsi.*, sp. *Vine, vi, vencí.*, fr. *Je suis venu, j'ai vu, j'ai vaincu.*, pt. *Vim, vi, venci.*, ro. *Am venit, am văzut, am învins.* bzw. *Venii, văzui, învinsei.*

3. Zusammenfassung

Zusammenfassend lässt sich sagen, dass der Einfluss des Vulgärlateinischen auf die weitere lateinische Sprachentwicklung zur Aufgabe klat. Strukturen und zuletzt der Sprache selbst geführt hat.

Die zunehmende vlat. „Analytisierung" der ursprünglich synthetischen lat. Sprache mündete in den morphologisch weniger komplexen romanischen Sprachtypen. Im Bereich der Nominalmorphologie sorgte die komplett abgeschaffte Flexion dabei für einen isolierenden Sprachbau. Dieser ließ durch die Kasusreduktion beiläufig die für die idg. Sprachen charakteristische fusionierende Komponente untergehen, welche im schlichten Numerus- und Genussystem der romanischen Universalkasus nicht mehr vorkommt.

Weiterhin bildeten die in der Verbalmorphologie aufgegebenen Suffixe mit ihren dadurch ugs. geschaffenen analytischen Tempora die Ausgangsbasis des späteren rom. Verbsystemes. Hierbei ist trotz dieser „Analytisierungsprozesse" anzumerken, dass das Vulgärlateinische und die daraus entstandenen romanischen Sprachen (mit Ausnahme des Französischen durch germanischen Einfluss) den Typus Nullsubjektsprache beibehalten haben, und sich in der Umgebung vieler das Subjekt vor dem Verb regelmäßig realisierender (idg.) Sprachen trotz deren Einflusses (bspw. germanischen Superstrates) nicht an diese angepasst haben.

Grund vieler dieser vlat. Entwicklungen sind die lautlichen Veränderungen der Umgangssprache, welche z.B. über den Betazismus überhaupt zu Umformungsprozessen führten. Dabei ist ein nicht zu verachtender Einfluss des Vulgärlateinischen auf die weitere lat. Sprachgeschichte auf diese Phone zurückzuführen, was in der Literatur meist von der Masse der vlat. Umbaue überschattet wird.

Diese verschiedenen Umstrukturierungen führten schließlich zum Aussterben des klassischen Lateins als gesprochene Sprache, wobei sich die regionalen Dialekte des Vulgärlateins später als neue Hochsprachen in der Romania durchsetzten und die heutigen romanischen Sprachen ausbildeten. Hier ist der letzte Einfluss des Vulgärlateinischen zu erkennen: der verschuldete Untergang des (klassischen) Lateins und die Weiterentwicklung der Alltagssprache in ihre heutigen Formen.

4. Anhang

4.1 Zusatz zu 2.2: Romanischer Vokalismus

Der Vokalismus der romanischen Sprachen war in seiner Entwicklung größtenteils dem Vokalismus des Vulgärlateins unterworfen und gleicht ihm damit – andererseits weist er im Vulgärlatein nicht existente Neuerungen auf, die sich im Übergang des Vulgärlatein zum Protoromanischen vollzogen haben müssen. Herausstechend dabei ist die Diphthongierung der Verben[168], die im gesprochenen Latein nicht bezeugt und so nicht greifbar ist. Es ist daher notwendig, sich den Prozess, welcher jenem zugrunde liegt, linguistisch zu erschließen.

Betrachtet man also konjugierte Verben der romanischen Einzelsprachen, fallen bei bestimmten Personen und Numeri Diphthongierungen der Stammvokale auf.

In der folgenden Tabelle sind die Präsensparadigmen der klat., vlat. und wrom. Entsprechungen des Verbes „kommen" im Ind. dargestellt (im Französ. ohne Personalpronomen).

	Klat.	Vlat.	Italienisch	Spanisch	Französisch	Portugies.
Infinitiv	*uenīre*	**βeṇirẹ*	*venire*	*venir*	*venir*	*vir*
Ps. u. N.						
1.Sg.	*ueniō*	**βeṇiọ*	*vengo*	*vengo*	*viens*	*venho*
2.Sg.	*uenīs*	**βeṇis*	*vieni*	*vienes*	*viens*	*vens*
3.Sg.	*uenit*	**βenẹt*	*viene*	*viene*	*vient*	*vem*
1.Pl.	*uenīmus*	**βeṇimọs*	*veniamo*	*venimos*	*venons*	*vimos*
2.Pl.	*uenītis*	**βeṇitẹs*	*venite*	*venís*	*venez*	*vindes*
3.Pl.	*ueniunt*	**βeṇiọnt*	*vengono*	*vienen*	*viennent*	*vêm*

1.Ps.Sg.

Die 1.Ps.Sg. unterlag durch ihr *-iō* im Vulgärlateinischen der Hiatvermeidung: *-iō* > *-ịọ* > *-jọ* – woraus zusammen mit vorhergehendem *n* [ɲ] wurde. Hieraus folgten in den romanischen Einzelsprachen Konsonantenverbindungen von pt. *nh* ([ɲ]), welches die vlat. Lautung beibehält, aber auch it. und sp. *ng*, das ebenfalls aus /nj/ entstanden ist.

---

168 Auch diverse Substantive wurden dieser phonetischen Neuerung unterworfen – die ersten schriftlichen Zeugnisse des Spanischen, die Glosas emilianenses und silenses des 10.-11. Jh. n. Chr., weisen einige davon bspw. auf: vgl. asp. *lueco* < klat. *lŏco*, asp. *duenno* (sp. *dueño*) < vlat. **dọmnũ* < klat. *dŏmĭnũ(m)*. Siehe für Ausschnitte der Glosas: Kiesler, Reinhard: Einführung in die Problematik des Vulgärlateins. S.119-122.

Weitere Beispiele für solche Entwicklungen in der 1.Ps.Sg, sind it. *pongo* (Inf. *porre*), sp. *pongo* (Inf. *poner*), pt. *ponho* (Inf. *pôr*), die allesamt aus klat. *pōnō* (Inf. *pōnĕre*) > vlat. **pṓnĕọ* (Inf. **pọnĕrẹ*) > **pọnịọ* > **pọnjọ* entstanden sein müssen, oder sp. *hago* (Inf. *hacer*), welches aus klat. *facĕre* der ī-Konjugation über vlat. **fạcịọ* zu **fạcjọ* wurde und bei welchem trotz fehlendem *n* /kj/ zu /g/ verschmolz.

Folgende Personen

In der 2.Ps.Sg. begegnet erstmals (Ausnahme ist das Französische) die Diphthongierung des Stammvokales von lat. *ĕ* zu /ie/, die sich in der 3.Ps.Sg. und Pl. fortsetzt. Zu beachten ist dabei sowohl die Zweisilbigkeit (bspw. it. *vie·ni*) als auch der davon beeinflusste Akzent auf dem Stammvokal dieser Formen, die in der 1. und 2.Ps.Pl. durch eine weitestgehende Dreisilbigkeit mit einhergehendem Monophthong (bspw. it. *ve·ni·te*; Ausnahme 2.Ps.Pl. sp. und 3.Ps.Pl. fr.) und Akzentverlagerung (vgl. sp. *ve·ní·mos*) aufgrund der Personalendungen ersetzt werden; it. †*vieniamos* bzw. †*vienite* und †*viengono*, sp. †*vienimos* und fr. †*vienons* und †*vienez* treten genauso wenig wie it. †*veni*, †*vene*, sp. †*venes*, †*vene* und †*venen* oder fr. †*vens* und †*vent* auf.

Diese vokalische Neuerung betraf jedoch nicht nur den Vokal *ĕ*, sondern auch *ŏ*, welcher zu Diphthongen mit festem *u* diphthongiert wurde: als näherbeschriebenes Exempel dient hierfür das vlat. **pŏtere* < klat. *pŏsse*, das beispielhaft in der 3.Ps.Sg. zu ait. *puote*, sp. *puede*, fr. *peut* (Inf. *pouvoir*) wurde[169].

Entscheidend für diese Diphthongierung war die offene Silbe[170], in welcher der Stammvokal lag. Da die Akzentposition gleichzeitig von der Anzahl der Silben abhängig war, trat eine Diphthongierung des Stammvokales nur bei bestimmten Silbenanzahlen und den daraus folgenden (spätvlat. bzw. protorom.) Betonungsregeln auf. Ausschlaggebend für jene Neuerung schien dabei wohl eine von den Sprechern des späten Vulgärlateins angestrebte Steigerung der flüssigen Sprechbarkeit und nebenbei eine als schön empfundene Klangfülle am Akzent zu sein. Hierbei ist der vlat. Einfluss auf die weitere lat. Sprachentwicklung folglich neben der vlat. Monophthongierung in einer „Rediphthongierung" von Vo-

---

169 Die Verben der konservativeren Sardischen Sprache hingegen haben in ihrer Entwicklung trotz der Silbenanzahlen bzw. Akzentposition keine dieser Diphthongierungen vollzogen – sp. *tiene* = sard. *tenet* (von klat. *tĕnēre*), sp. *puede* = sard. *potet*.

170 Nur im (Proto-)Spanischen wurden auch Vokale geschlossener Silben diphthongiert: vgl. *tiempo* < vlat. **tẹmpū* < klat. *tĕmpū(m)*. Vgl. Kiesler, Reinhard: Einführung in die Problematik des Vulgärlateins. S.43-44.

kalen zu beobachten, die charakteristisch für die rom. Sprachen ist.

4.2 Zusatz zu 2.2 und 2.3: Substrateinfluss

Bisher wurde in der Fachwelt auf unerklärliche Weise der Einfluss von Substratsprachen auf die weitere Entwicklung der lat. Sprache, sprich das Vulgärlateinische, vernachlässigt. Daher werde ich mich diesem Verhalt nun mit eigenen Untersuchungen widmen, wobei das Ergebnis dieser Ausführung einigen bisher als zusammenhangslos, ursprungslos sowie willkürlich dargestellten Neuerungen, die in der Umgangssprache auftauchten, eine Erklärung geben wird.

Die den folgenden Darlegungen zugrunde liegenden Substrate stammen allesamt aus dem italischen Zweig der idg. Sprachfamilie, und sind namentlich das Faliskische, das Oskische und das Umbrische[171].

4.2.1 Phonologie

4.2.1.1 Diphthonge

Während das Oskische die klassisch-italischen Diphthonge bewahrte, monophthongierte das Umbrische zahlreiche Vokalpaare[172], darunter auch /ae/ und /au/, die im klassischen Latein noch als reine Diphthonge realisiert wurden. Während ital. /ae/ bzw. /ai/ zu umbr. [ɛː] kontrahiert wurden (vgl. klat. *quaestor* und osk. *kvaísstur* mit umbr. *kvestur*; klat. *suae* und osk. *svaí* mit umbr. *sve*), sprach man /au/ als [oː] aus[173] (vgl. klat. *taurus* mit umbr. *toru* (it. *toro*, sp. *toro*, afr. *tor*); klat. *aut* und osk. *avt* mit umbr. *ote*[174]).

Da sich genau diese Monophthongierungen auch im Vulgärlateinischen wiederfinden lassen, jedoch nicht ursprünglich lateinischer Herkunft sind, kann man von einem umbrischen

---

171 Das Faliskische bildet zusammen mit dem Lateinischen die latino-faliskische Untergruppe der ital. Sprachen; Oskisch und Umbrisch werden zusammengefasst als Oskisch-Umbrisch dem Sabellischen zugeordnet.
172 Siehe: Buck, Carl Darling: A Grammar of Oscan and Umbrian. Orig. Boston 1904. Forgotten Books 2012 S.43-46.
173 Welche Lautung den Römern als plebejischer bzw. ländlicher Akzent bekannt war. Siehe: 2.2 Monophthongierung.
174 Osk.-Umbr. Formen nach: Buck, C. D: A Grammar of Oscan and Umbrian. S.44, 46, 261.

Substrateinfluss auf die lateinische Sprache ausgehen[175].

4.2.1.2 Synkopen

Im Oskisch-Umbrischen traten gehäuft Synkopierungen auf, die eine erhöhte Dichte an sprachspezifischen Konsonantengruppen erzeugten: man vergleiche klat. *uascula* mit umbrisch *veskla*, klat. *catulum* mit umbr. *katlu*, klat. *uitulum* mit umbr. *vitlu*, klat. *imperator* mit osk. *embratur*[176].

Dieser „Hang" zur Synkopenbildung lässt sich auch im Vulgärlateinischen erkennen (siehe 2.2.1 Synkopen) – was wie in 4.2.1.1 ebenfalls Grund für die Annahme eines Substrateinflusses bzw. „Anstoßes" aus dem Oskisch-Umbrischen gibt.

4.2.1.3 Konsonantismus

Das Faliskische und Oskisch-Umbrische besaßen weiterhin als auffällige Besonderheit den Entfall[177] bestimmter Endkonsonanten, besonders des Nasals /m/[178] und der Alveolare /t/ bzw. > /d/[179]. Dies kam vor allem in der Morphologie zum Tragen, da die ererbten Akk.Sg.-Endungen auf -*m* und 3.Ps.-Endungen auf -*t(i)* bzw. -*d* entfielen.

Für eigentlich auf /m/ auslautende Akkusative im Singular beschaue man (Reihenfolge der Sprachen indiziert zunehmende Entfallhäufigkeit; in Klammern klat. Entsprechung) fal. *vi-*

---

175 Bei /ae/ > /e/ liegt zusätzlich wahrscheinlich auch etruskischer Substrateinfluss vor: etrusk. /ai/ > /ei/ > /e/ ([ɛ]). Siehe für diese etrusk. Monophthongierung: Pfiffig, Ambros Josef. Die etruskische Sprache. Orig. Graz 1969. ALBUS 1998. §13a sowie Bonfante, Giuliano und Larissa: The Etruscan language. 2. Auflage. Orig. Manchester und New York 1983. Manchester University Press 2007. S.79, 80.

176 Osk.-Umbr. Formen nach: Buck, C. D: A Grammar of Oscan and Umbrian. S.57-58.

177 Auch das /h/ wurde im Umbrischen schwach bis gar nicht artikuliert, welches Phänomen sich fernerhin in anderen idg. Sprachen Italiens, z.B. dem Lusitanischen, finden lässt – auch das Vlat. kennt diese Eigenheit. Vgl. Buck, C. D: A Grammar of Oscan and Umbrian. S.78, 93-94.

178 Siehe: ebd. S.71.

179 Siehe: ebd. S.80f.

no[180] (*uīnŭm*); osk. *puklu* (*filiŭm*), *tiurrí* (*turrĭm*), *trííbu* (*domŭm*), *vía* (*uiãm*); umbr.[181] *curnaco* (*cornicĕm*), *erietu* (*arietĕm*), *frehtu* (*calidãm*, vgl. *frīgidŭm*), *puplu*[182] (*populŭm*), *tota* (*cīuitatĕm*), *uhturu*[183] (*auctōrĕm*).

Alveolarschwund in der 3.Ps.Sg. findet sich bspw. in umbr. *dede* (*dedit*), *façia* (*faciat*), *habe* (*habet*), *teřa*[184] (*det*).

Phonetisch wies die umbrische Sprache eine Palatalisierung von /n/, /g/ und /k/ vor folgendem /i/ und /e/[185] auf, die man noch heute in den rom. Sprachen vorfindet.

Da im Vergleich zu umbr. *pase* (aus *pace*) auch *façiu* neben *façu*[186] stehen kann, ist eine gleiche Ausspracheregelung wie im heutigen Italienischen und somit auch annähernd gleiche Lautung des palatiliserten [k] anzunehmen: ital. /k/ > umbr. [tʃ] bzw. [ʃ] /_VK, _V# (V: *e*, *i*), aber ital. /ki/ > umbr. [tʃ] bzw. [ʃ] /_V (das /i/ indiziert hier nur noch die Palatalisierung, ist jedoch stumm).

So wurde klat. [ɑˈmiːkiː] > über umbr. Sprachweise [ɑˈmiːtʃiː] zu it. [aˈmitʃi]; klat. [ˈkɛntrũm̩] > über umbr. [ˈtʃɛntrʊ] zu it. [ˈtʃɛntro].

Das palatalisierte /g/ erscheint in umbr. Inschriften als /i/[187], was objektiv auf eine (halb)-konsonantische Aussprache schließen lässt: ital. /g/ > umbr. /i/ /_e, _i, artikuliert als [ʑ] oder [ʒ]. Durch direkte Übertragung des Lautstandes ins Lateinische wurde demnach in Anlehnung an das palatalisierte /k/ das /t/ in /tʃ/ zu /d/ abgeschwächt und so mit [ʒ] kombiniert: klat. [ˈgẽːn̩s] > über umbr. Aussprache [ʑẽːn̩s] bzw. [ʒẽːn̩s] zu it. [ˈdʒente]. Weil aber in vlat. Dokumenten die Palatalisierung von /g/ als /i/ geschrieben bzw. gar nicht transkribiert wurde (vgl. vlat. *maicis* von klat. *magicis*[188]), hier allerdings klar die Lautung [dʒ] vorliegt, kann auch das umbr. /i/ dieser Schreibung unterlegen haben und somit [dʒ] darstellen. Sowohl [ʑ] oder [ʒ] als auch [dʒ] können folglich für das umbrische /g/ in Betracht gezogen werden, von denen jedoch letztere Artikulation im Hinblick auf die vulgär-

---

180 Vgl. hierfür (fal.) „*FOIED. VINO. PIPAFO. CRA. CAREFO*" besonders mit spätvlat. *βino und *crq (= *dę mąnę). Meiser, Gerhard: Hist. Laut- und Formenlehre. §6.1.
181 Das Akk.-*m* nicht zu artikulieren war am typischsten für die Sprecher des Umbrischen.
182 Form entnommen: Meiser, Gerhard: Hist. Laut- und Formenlehre. §8.2.
183 Osk.-umbr. Formen entnommen: Buck, C. D: A Grammar of Oscan and Umbrian. S.71, 128, 239-245, 295, 300.
184 Formen entnommen: ebd. S. 35, 80, 82, 156, 157, 168.
185 Siehe: ebd. S.66, 89 und 93.
186 Formen nach: ebd. S. 90
187 Hierzu: *Muieto* aus *mugato*. Formen nach: Buck, C. D: A Grammar of Oscan and Umbrian. S.93.
188 Formen entnommen: Ph. Roelli. Vulgärlatein mit Ausblick auf die Entwicklung der romanischen Hauptdialekte. URL: www.sglp.uzh.ch/static/MLS/files/Roelli_-_Vulgaerlatein.pdf. S.6.

lateinische Entsprechung als wahrscheinlichste gelten kann. Sodann ergäbe sich hieraus im obigen Beispiel klat. [gɛ̃ːŋs] > über umbr. Aussprache [dʒɛ̃ːŋs] zu it. [ˈdʒɛnte].

Die Realisierung des palatalisierten /n/ + heller Vokal (i) ist als [ɲ] zu erwägen, da folgendes /i/ in umbr. Inschriften ausgelassen wurde: vgl. *spina* aus *spinia*[189], sodass sich daraus /n/ > [ɲ] /_i ergibt, welches Gesetz aus der vlat. Hiatvermeidung (siehe 2.2.1) bekannt ist.

Betrachtet man also anschließend einerseits die Entwicklung der lat. Deklination und Konjugation, trifft man auf vlat. Parallelen (siehe 2.3) – sowohl der Nasalschwund im Akkusativ als auch der Alveolarentfall in der Konjugation sind Bestandteile der vlat. Reduktion und Vereinfachung. Andererseits hat die umbrische Palatalisierung ihre Sprache sowie die ihrer Besatzer überlebt und zeigt sich heute in ihrer reinsten Form im Italienischen.

Zusammenfassend lässt sich der Substrateinfluss der italischen Sprachen auf die Entwicklung der lateinischen Sprache durch das Vulgärlateinische als Ausgangspunkt entscheidender Neuerungen festmachen und seine Wichtigkeit zum Erklären dieser Prozesse nicht leugnen.

---

189 Formen nach: Buck, C. D: A Grammar of Oscan and Umbrian. S.66.

5. Literaturverzeichnis

Bonfante, Giuliano und Larissa: The Etruscan language. An introduction. Orig. Manchester und New York 1983. Manchester University Press [2]2007

Buck, Carl Darling: A Grammar of Oscan and Umbrian. Orig. Boston 1904. Forgotten Books 2012

Damon, Budel (Orig. niederländisch). Übersetzt von Vincent Hunink: Glücklich ist dieser Ort! 1000 Graffiti aus Pompeji. Orig. 2007. Reclam 2013

Eierstock, Johanna: Romanisierung und Vulgärlatein im Zusammenhang mit den Theorien sprachlicher Komplexität. München. GRIN Verlag 2013

Euler, Wolfram: Vom Vulgärlatein zu den romanischen Einzelsprachen. Überlegungen zur Aufgliederung von Protosprachen. Wien. Präsens Verlag 2005

– und Badenheuer, Konrad: Sprache und Herkunft der Germanen. Abriss des Protogermanischen vor der ersten Lautverschiebung. Hamburg/ London. Verlag Inspiration Un Limited 2009

Fortson IV, Benjamin W.: Indo-European Language and Culture. An Introduction. Orig. 2004. Wiley-Blackwell [2]2010

Gerschner, Robert: Die Deklination der Nomina bei Plautus. Heidelberg. Universitätsverlag C. Winter Heidelberg 2002

Haarmann, Harald: Die Indoeuropäer. Orig. München 2010. C.H. Beck [2]2012

Heraeus, Wilhelm: Silviae Vel Potius Aetheriae Peregrinatio Ad Loca Sancta. Orig. Druck Offenbach a. M. 1908. Original ca. 381-384 n. Chr. ULAN Press o.J.

Joseph Georg, John Anthony Crook: Rechtsurkunden in Vulgärlatein aus den Jahren 37-39 n. Chr. Heidelberg. Carl Winter Universitätsverlag 1989

Kiesler, Reinhard: Einführung in die Problematik des Vulgärlateins. Tübingen. Max Niemeyer Verlag 2006

Kramer, Johannes: Vulgärlateinische Alltagsdokumente auf Papyri, Ostraka, Täfelchen und Inschriften. Berlin. De Gruyter 2007

Meiser, Gerhard: Historische Laut- und Formenlehre der lateinischen Sprache. Unveränderter Nachdruck der 2. Auflage 2006. Orig. Darmstadt 1998. WBG [3]2010

Petron: Cena Trimalchionis. Stuttgart. Reclam 2016

Pfiffig, Ambros Josef. Die etruskische Sprache. Schrift - Alphabet - Formenlehre - Syntax -

Übungen. Orig. Graz 1969. ALBUS 1998

Schlösser, Rainer: Die romanischen Sprachen. Orig. München 2001. C.H. Beck ²2005

Weeber, Karl-Wilhelm: Decius war hier... Mannheim. Artemis & Winkler Verlag 2003

Hans-Ingo Radatz: Materialien zur Ausgliederung der romanischen Sprachen. URL: http://www.meta.narr.de/9783823368540/appendix_244.pdf (Stand 20.10.2016)

Lingua sarda. In: Wikipedia. URL: https://it.wikipedia.org/wiki/Lingua_sarda (Stand 14.12. 2016)

Ph. Roelli. Vulgärlatein mit Ausblick auf die Entwicklung der romanischen Hauptdialekte. URL: www.sglp.uzh.ch/static/MLS/files/Roelli_-_Vulgaerlatein.pdf.

Schriftliche Quellen des Vulgärlateins. In: Welt der Sprache. URL: http://www.weikopf.de/index.php?article_id=243 (Stand 16.11.2016)

Weikopf: Romanische Sprachen – Grammatik. URL: http://www.weikopf.de/index.php?article_id=116 (Stand 31.12.2016)

6. Arbeitsdokumentation

Datum	Arbeitszeit in Std.	Thema (bearbeitet/ verfasst)
15.03.16	2	„Problematik d. Vlat." gelesen; Themenübersicht verschafft
15.09.2016	2	in weitere Bücher eingelesen; Kapitel „Vlat."
24.09.2016	4	weitere Bücher gelesen; Sichtungen
27.09.2016	4	Vokalismus, Rekonstruktion
29.09.2016	2	Beispiele zum Vokalismus erweitert (Rekonstruktionen)
30.09.2016	4½	Sichtung von Material zur Nominalmorphologie; Pronomina schriftlich angerissen, Rekonstruktion
20.10.2016	7	Belesung; Vokalismus
21.10.2016	4	rom. Vokalismus, Rekonstr.
26.10.2016	1	Sichtung von Quellentexten
04.11.2016	2	rom. Vokalismus, Rekonstr.
05.11.2016	2	Belesung zur Nominalmorph.
06.11.2016	2	Arbeit mit Urkundentexten zur vlat. Deklination
08.11.2016	2	Formatierung, Fußnoten
15.11.2016	2	Arbeit mit Substratsprachen, Inschriften
16.11.2016	3	Rektion, Rekonstr.
28.11.2016	2	Substrateinfluss
30.11.2016	2	Substrateinfluss
04.12.2016	5	Reduktion, Rekonstr.
05.12.2016	¾	Beratungsgespräch mit Herrn Bösl zu abschließender Gliederung
11.12.2016	6	Reduktion, Rekonstr.
12.12.2016	2½	Paradigmen, Rekonstr.
13.12.2016	1	Sichtung von Material und Quelltexten zu Artikeln

14.12.2016	6	Artikel, Rekonstr.
17.12.2016	1	Artikel, Rekonstr.
18.12.2016	1	Artikel, Rekonstr.
19.12.2016	2½	Artikel; Pronomen, Rekonstr.
21.12.2016	2	Pronomen, Rekonstr.
25.12.2016	2½	Sichtung von Material zur Verbalmorphologie
27.12.2016	3½	Verbalmorphologie, Rekonstr.; Wortneubildungen angerissen, Rekonstruktion
28.12.2016	1	Korrektur
29.12.2016	1	Korrektur
30.12.2016	3	Verbalmorph. Perfekt und Imp., Rekonstruktion
31.12.2016	4½	Perfekt und Imp., Rekonstr.
01.01.2017	3	Passiv, Rekonstruktion
02.01.2017	3½	Aspekte, Rekonstr.;
03.01.2017	4½	Verbalmorph. überarbeitet; Syntax, Rekonstruktion; Gespräch mit it. Muttersprachler über komplexe it. Syntax
04.01.2017	4½	Wortneubildungen, Rekonstruktion
05.01.2017	8	Einleitung, Formatierung, Korrektur
06.01.2017	4	Überarbeitung
07.01.2017	3	Kapitel „Rekonstruktionen", Rekonstruktion
08.01.2017	2	Kapitel „Rekonstruktionen", Rekonstruktion
09.01.2017	1	Kapitel „Rekonstruktionen", Rekonstruktion
10.01.2017	½	Gespräch mit Fr. Tautphäus über komplexe sp. Syntax; Verarbeitung der aus den zwei Gesprächen gewonnenen Erkenntnisse im Kapitel „Syntax"

12.01.2017	3	Kapitel „Rekonstruktionen" überarbeitet (Rekonstruktion); Formatierung
13.01.2017	3	Zusammenfassung; Kapitel „Rekonstruktionen" überarbeitet (Rekonstruktion); Formatierung; Korrektur
14.01.2017	1	Überarbeitung; Formatierung; Korrektur
15.01.2017	2	Überarbeitung; Formatierung; Korrektur
16.01.2017	1	Literaturverzeichnis
17.01.2017	2	Literaturverzeichnis; Substrateinfluss, Formatierung
18.01.2017	1½	Formatierung; Beratungsgespräch mit Herrn Bösl über Formalia und Fortschritt
24.01.2017	1½	Artikel überarbeitet
25.01.2017	1½	Wortneubildungen bearbeitet, Rekonstruktion
26.01.2017	3	Verbalmorph. überarbeitet, Formatierung
27.01.2017	3	Formalia
28.01.2017	2	Überprüfung der Rekonstr.
29.01.2017	5½	Rohfassung erstellt
30.01.2017	1	Rohfassung Korrektur gelesen
01.-08.02.2017	3	Rohfassung Korrektur gelesen
09.02.2017	1	Korrektur
12.02.2017	1	Korrektur
13.02.2017	3½	Formatierung
16.02.2017	3	Ergänzungen; Formatierung
18.02.2017	1½	Ergänzungen; Korrektur
20.02.2017	2	Korrektur
21.-10.03.2017	4	weitere Rohfassung erstellt; Korrektur gelesen, Korrektur; Ergänzungen
17.03.2017	1½	Arbeitsdokumentation
18.03.2017	½	Eidesstattliche Erklärung;

		Formatierung
19.03.2017	½	Überlegungen und Lautrekonstruktionsüberprüfungen zum Betazismus
22.03.2017	½	Ergänzungen; Korrektur
23.03.2017	¾	Beratungsgespräch mit Herrn Bösl über funktionale Einbettung der Beispiele in Fragestellungskonklusionen
25.03.2017	½	Deckblatt; Formatierung
27.03.2017	½	Überarbeitung
28.03.2017	5	finale Überarbeitung
insgesamt	**184½**